ROBERTO SHINYASHIKI

OS SEGREDOS DAS APRESENTAÇÕES PODEROSAS

Pessoas de sucesso sabem vender ideias, projetos e produtos para qualquer plateia

Gente editora

Dedico este livro a:

Dr. Antonio Carlos Lopes
Dra. Ana Luiza Hoffman
Dr. Wilson Tadeu Ferreira
Dra. Maria Antonieta de Oliveira Xavier Beraldo
Dra. Marly Farah
Meus médicos queridos, que têm cuidado de mim durante tantos anos.
Além da competência ímpar, a disponibilidade de vocês é comovente.
Mais que médicos, vocês são meus amigos.
Deus lhes pague por tudo que têm feito por mim e por minha família.

Agradecimentos

Saber a opinião do futuro cliente sobre aquilo que vamos entregar a ele é fundamental para garantir que o sucesso chegue em nossa vida. Costumo dizer que os clientes são os grandes gênios do marketing. São eles que podem dizer se um produto realmente atende às suas expectativas e se tem qualidade acima de qualquer suspeita.

Quando escrevo um livro, no momento em que estou construindo os capítulos, convido meus leitores mais próximos para analisar os originais. Se é para os leitores que escrevo, são meus leitores que devem me dizer se meu trabalho cumpre a função proposta e corresponde às suas necessidades.

Há sempre um grupo generoso e disposto a colaborar. Nunca conseguirei agradecer o suficiente por todo o empenho e entusiasmo com que essas pessoas me ajudam a ajudá-las.

Há os que leem alguns trechos e enviam suas observações, mas há os que leem e releem diversas vezes! A todos, deixo meu enorme muito obrigado. E cito aqui, representando a todos, os nomes daqueles que enviaram suas opiniões mais de uma vez: Priscilla de Sá, Harue Ciarlini, Ronan Mairesse, Bob Floriano, Soraya Garson, Alexandre Lacava, Eduardo Tamura, Lúcia Helena Cordeiro, Bete D'Elia e Vivi Keller. Vocês foram sensacionais!

Quero também agradecer à Daniella Foloni e ao Gilberto Cabeggi pela dedicação e competência ao me ajudarem na construção do projeto e do texto. Com vocês, nunca estou só!

Meu muito obrigado especial a Alessandra Ruiz, Rosely Boschini e Ricardo Shinyashiki por sempre me inspirarem a criar com a força da paixão, e a transformar minhas ideias e inquietações da alma em livros. Vocês são companheiros de todas as horas.

Quero agradecer também a todas as pessoas que sonham em criar um mundo melhor e que estão dispostas a fazer isso falando de suas ideias e trabalhando incansavelmente para construí-lo todos os dias.

Este livro é de vocês!

Pessoas de sucesso sabem vender seus projetos, ideias e produtos usando a habilidade de conversar ou de fazer apresentações irresistíveis.

Todo vendedor que deseja ser um campeão (e nesse grupo eu incluo líderes, empresários, políticos, executivos e profissionais liberais) precisa ser capaz de fazer seu público ter vontade de agir depois de escutá-lo.

Se você é

Acionista
Acupunturista
Administrador
Advogado
Aeromoça
Agrônomo
Ambientalista
Ambulante
Analista
Antropólogo
Apresentador
Arquiteto
Artesão
Artista plástico
Assessor
Astrólogo
Astrônomo
Atendente
Atleta
Ator
Auditor
Automobilista
Aviador
Balconista
Bancário
Banqueiro
Bibliotecário
Biólogo
Blogueiro
Bombeiro
Cabeleireiro
Cantor
Catedrático
Cientista
Cineasta
Coach
Comediante
Comentarista
Consultor
Contador
Crítico
Decorador
Delegado
Dentista
Deputado
Desembargador
Designer
Despachante
Detetive
Diretor
Docente
Doutor
Economista
Editor
Educador
Empregado
Empresário
Enfermeiro
Engenheiro
Escritor
Estudante
Executivo
Farmacêutico
Fazendeiro
Figurinista
Filósofo
Filho
Fiscal
Físico
Fisioterapeuta
Florista
Fonoaudiólogo
Fotógrafo
Garçom
General
Geneticista
Gerente
Gestor
Guia
Historiador
Humorista
Instrutor
Jornalista
Juiz
Líder comunitário
Lojista
Mãe
Massagista
Matemático
Mecânico
Médico
Militar
Músico
Nutricionista
Padre
Pai
Pastor
Piloto
Pintor
Policial
Político
Presidente
Procurador
Produtor
Professor
Profissional liberal
Promotor
Psicanalista
Psicólogo
Psiquiatra
Publicitário
Químico
Radialista
Recepcionista
Rei
Reitor
Roteirista
Sacerdote
Secretária
Senador
Síndico
Superintendente
Supervisor
Tatuador
Técnico desportivo
Telefonista
Terapeuta
Tradutor
Trainee
Urbanista
Varejista
Vendedor
Vereador
Veterinário
Web designer
Zoólogo

Você precisa falar com seu público e fazer apresentações poderosas todos os dias.

Portanto, este livro é para VOCÊ!

Sumário

Introdução

Uma apresentação poderosa é o caminho para o seu sucesso

Se quiser ter o sucesso que deseja, você vai ter de fazer apresentações poderosas.

Não importa qual seja a profissão, função ou atividade que você resolveu abraçar para realizar seus sonhos. Em qualquer cargo ou área de atuação, você precisa saber se comunicar para apresentar suas ideias, demonstrar seu ponto de vista, influenciar e convencer as pessoas dos seus argumentos e fazer com que elas comprem suas propostas e produtos.

Infelizmente, tenho visto muita gente competente fracassar por não saber falar de modo convincente sobre seu trabalho. Também vejo profissionais de muito valor deixando de conquistar seu espaço por não conseguir colocar sua competência na vitrine.

Falo com conhecimento de causa: apesar de eu ser introvertido, minha carreira só decolou quando aprendi a usar as palavras para exercer meu poder de influência e de persuasão.

Para todo profissional, comunicar-se bem é o que abre as portas para ter muito sucesso e brilho na carreira. O *Wall Street Journal* realizou uma pesquisa com executivos de recrutamento e seleção de grandes corporações, na qual eles tinham de escolher as competências que mais valorizavam para contratar um profissional. As cinco competências de mais valor foram:

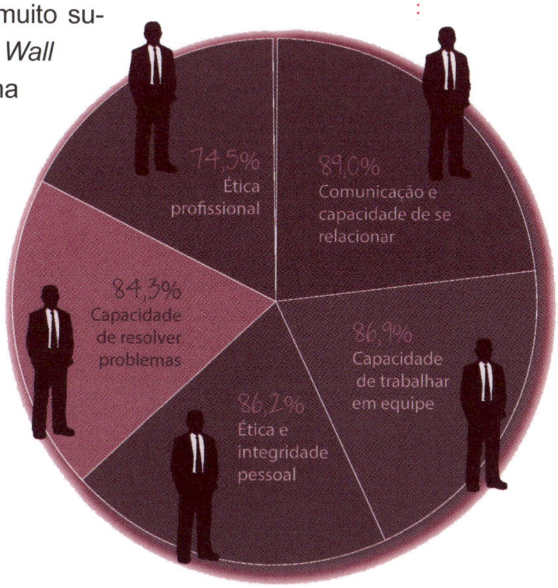

É surpreendente que praticamente nove entre dez profissionais de recrutamento e seleção valorizem a capacidade de comunicação do candidato a ser escolhido. Portanto, além da competência para desempenhar o que faz profissionalmente, você também precisa saber falar às pessoas do que é capaz. Na verdade é um desperdício deixar seu talento escondido. Quem faz isso, acaba se lamentando por não se destacar em sua profissão. Se você tem a solução para os problemas das pessoas, sejam elas seus clientes, parceiros, superiores ou liderados, precisa saber mostrar suas ideias.

Portanto, tão importante quanto ter algo bom para vender ou oferecer aos outros, como conhecimentos, ideias, soluções, serviços ou produtos, é saber apresentá-lo de um jeito especial, que desperte nas pessoas o desejo de adquiri-lo:

- Um psicólogo ou psiquiatra precisa apresentar, de modo claro e convincente, uma saída para o conflito que o paciente está vivendo. Para conquistá-lo, tem de mostrar, com eficácia, sua proposta de tratamento.
- Um publicitário tem de saber apresentar sua agência e seu projeto para o cliente, de modo que ele se convença de que contratá-lo é a melhor opção.
- Um atleta em busca de patrocínio precisa apresentar argumentos que convençam a empresa de que patrociná-lo é interessante para ela.
- Um reitor precisa apresentar seu projeto para a comunidade com um poder de convencimento capaz de motivar seus ouvintes a apoiá-lo.
- Um vendedor precisa apresentar uma explicação com tanto poder de convencimento que o cliente consiga enxergar as vantagens daquele produto sobre a concorrência e comprá-lo.

Ao contrário do que a maioria das pessoas pensa, saber falar bem em público não é uma capacidade nata; você, e qualquer um que se dedique a treinar, treinar e treinar, pode desenvolvê-la para ser bem-sucedido.

Talvez, neste momento da sua vida, você esteja preocupado com as apresentações que tem de fazer em seu trabalho, ou esteja chateado porque fez uma apresentação sofrível em um evento importantíssimo para sua carreira. Mas tudo pode ser aprimorado, sempre.

Eu me lembro de uma das minhas primeiras palestras em uma convenção. Éramos dez palestrantes e, algumas semanas depois do evento, recebi a avaliação que o público fez das apresentações. Fiquei totalmente chocado com meu desempenho: dos dez palestrantes, fiquei em nono lugar na classificação de qualidade. Só não fui avaliado como último porque uma das palestrantes leu sua apresentação.

Depois desse episódio, decidi que dentro de um ano eu estaria sempre entre os três melhores palestrantes em qualquer convenção. A partir daí, passei a estudar tudo sobre palestras e apresentações, fiz vários cursos, contratei diretores de teatro para me ensinar os segredos do palco e treinei muito. Depois de um ano, passei a figurar entre os melhores e, na maioria absoluta das vezes, sou considerado o melhor.

Nestes meus tantos anos de palestras dadas pelo mundo todo, nunca parei de estudar as estratégias para ter um excelente desempenho diante de uma audiência. E tenho visto, ouvido e analisado milhares de palestrantes, não apenas os profissionais, mas gente de todas as áreas que precisa falar em público: políticos, profissionais liberais, empresários, executivos, líderes religiosos, publicitários e muitos outros.

É claro que vi pessoas brilhando no palco, encantando multidões e conseguindo resultados maravilhosos com sua audiência, mas, infelizmente, eram a minoria. Vi muitas pessoas perdendo oportunidades incríveis de mostrar sua competência por falharem na hora de expor suas ideias e propósitos.

O que mais existe é gente desperdiçando essa chance especial de falar para o público. E a maior razão de seu fracasso é não conhecer a essência de uma apresentação. Meu coração fica apertado quando vejo um jovem executivo recém-contratado subir ao palco com suas propostas de trabalho e mostrar insegurança, falta de clareza.

Além da competência para desempenhar o que faz profissionalmente, você também precisa saber falar às pessoas do que é capaz

Até quem já brilha na carreira precisa saber articular bem o que pensa. Imagine um cantor de renome em uma entrevista. Se ele não for capaz de se expressar bem, se ficar confuso e se mostrar superficial pode decepcionar seu público. Pode colocar em risco tudo o que conquistou com os fãs. Dependendo de seu desempenho, vai até comprometer seu carisma e imagem. Fazer boas apresentações dá a você muitas vantagens: de mostrar aos outros quem você é até obter respeito profissional por ter a coragem de falar diante das pessoas e dividir com elas seus conhecimentos.

O objetivo é provocar uma ação

Talvez você não seja um estreante na arte de falar em público. Pode ser que consiga se expressar bem em uma apresentação a ponto de encantar a plateia e receber muitos aplausos no final dela. Isso, no entanto, não é ainda a melhor medida da qualidade de sua apresentação e de seu sucesso.

Não é o número de pessoas que está em sua plateia nem as palmas que você recebe por sua brilhante oratória que determinarão quanto sua apresentação foi boa.

A qualidade da sua apresentação é medida pela sua capacidade de levar seu público a uma ação. Não importa se você é o presidente de um país, que vai comunicar ao seu povo o início de uma guerra, ou se é um vendedor que precisa fechar um negócio.

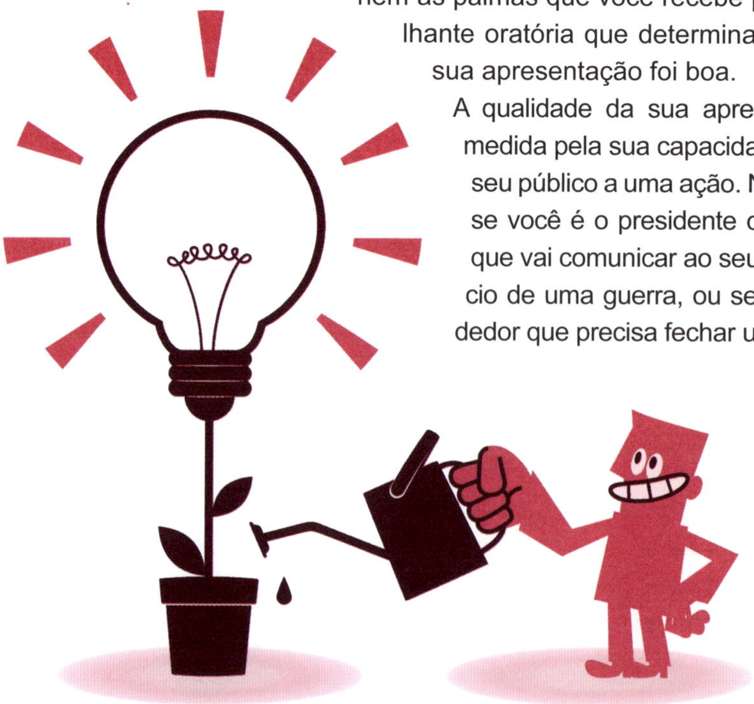

Se as pessoas aplaudiram você, mas não agiram, isso indica fracasso. Uma apresentação bem feita precisa chegar ao seu objetivo: fazer as pessoas comprarem seu produto, seguirem suas orientações para dar mais resultado na empresa, ou usar seu exemplo para mudar a vida para melhor.

Na Grécia, quando as pessoas viam Demóstenes discursando, comentavam: "Como ele fala bem!".

No Reino Unido, quando as pessoas viam Winston Churchill discursando, elas exclamavam: "Vamos lutar!".

Com a maioria dos cursos e livros que ensinam a se apresentar em público, você aprende a falar bem. Com este livro, você vai aprender a falar de uma forma que provoque nas pessoas a ação que você deseja. Sua palestra vai ser muito mais que uma bela apresentação. Ela vai trazer resultados efetivos, inclusive financeiros.

Na maioria das apresentações, vejo profissionais expondo suas ideias de forma desorganizada. Isso gera confusão e faz com que as pessoas fiquem se perguntando o que ele quis dizer com tudo aquilo e aonde quis chegar. Em outras vezes, o apresentador se perde contando sua história e seus feitos, e a plateia fica se perguntando "O que eu tenho a ver com isso?".

O palestrante preparado sabe o que quer e usa cada frase de forma estratégica, pensando em trazer a plateia com ele. Enquanto fala, provoca a exclamação: "É isso mesmo!".

Se o objetivo de sua apresentação é vender um produto novo, que o cliente não conhece ainda, seu foco deve ser: "Vou mudar a cabeça desse cliente. Vou mostrar que ele *precisa* desse produto, mesmo que esteja satisfeito com o que usou até agora".

Quando alguém vendeu o primeiro forno de micro-ondas, teve de mudar a maneira de pensar do consumidor em relação ao modo de preparar os alimentos, modificando seu padrão de comportamento. Imagine só o poder de persuasão desse vendedor. Conseguiu mudar um hábito enraizado no cliente e fez com que ele comprasse um produto desconhecido!

Isso foi feito tão bem que, hoje, em muitas casas, o fogão e o forno a gás são utensílios até secundários. Sinal de que a apresentação do micro-ondas foi bem-sucedida.

A qualidade da sua apresentação é medida pela sua capacidade de levar seu público a uma ação

Quando sou chamado para falar em determinada empresa como palestrante profissional, sempre pergunto ao meu contratante: “O que você quer que sua equipe realize depois de minha palestra?”. Sei que meu sucesso só acontecerá quando o time dele realizar esse objetivo.
Portanto, saber influenciar as pessoas a agir, comunicando-se bem em suas apresentações e palestras, é o melhor caminho para o sucesso profissional. E isso ficará evidente se você:

- Apresentar suas propostas e seus produtos e fizer com que as pessoas os comprem.
- Apresentar novas ideias em seu trabalho e vir seu chefe aprovar seu projeto, seus colegas aderirem a elas.
- Mostrar seu ponto de vista e começar a perceber que conquistou aliados.
- Falar de suas ideias e perceber as pessoas agindo com uma nova maneira de pensar, baseada naquilo que você propôs.
- Falar sobre uma meta ousada e perceber que as pessoas se sentem motivadas a realizá-la.
- Falar para as pessoas e perceber que as convenceu com seus argumentos, a ponto de trabalharem intensamente até fazer as coisas acontecerem da maneira como você planejou.

Saber influenciar as pessoas a agir, comunicando-se bem em suas apresentações e palestras, é o melhor caminho para o sucesso profissional

A ação de seus ouvintes é a maior evidência de que sua apresentação foi um sucesso. Se as pessoas ficaram em silêncio durante a sua apresentação, mas no dia seguinte partiram para a ação motivadas pelo que você falou, essa será a prova de que a apresentação funcionou.
Depois que você falar, seus clientes vão comprar seu produto, as pessoas vão se sentir motivadas a realizar seus projetos e, principalmente, vão se sentir capazes de lutar por seus próprios objetivos de vida.

Palavras faladas com paixão podem mudar uma vida.
Palavras inspiradoras podem transformar uma pessoa.
Palavras certas levam a ações que podem mudar o mundo.

Seu sucesso é proporcional ao número de pessoas que você ajuda

A vida de muitas pessoas vai mudar para melhor simplesmente porque você está lendo este livro.

Você ganha o selo definitivo de palestrante de sucesso quando, além de levar a uma ação, fizer com que sua apresentação ajude as pessoas a promover uma verdadeira mudança em sua vida.

Zig Ziglar, o famoso palestrante, tem uma frase de que eu gosto muito: "Você vai realizar todos os seus sonhos se ajudar muitas pessoas a realizarem os sonhos delas".

Você tem sucesso proporcional ao número de pessoas que ajuda. Quando os novos palestrantes me perguntam qual é o segredo do meu sucesso, respondo que há vários, mas um dos mais importantes é procurar uma forma de ajudar o próximo.

Como palestrante e como escritor, sempre fiz e sempre faço assim. Você pode perceber isso claramente em meus livros. Quando faço uma retrospectiva da minha carreira, vejo que quanto mais eu ajudei as pessoas a realizarem seus objetivos e a serem felizes, mais sucesso eu fiz.

No começo dos anos 1990, em que dei muitas palestras no exterior, especialmente na Espanha, via que os executivos de grandes empresas que assistiam às minhas apresentações estavam se preparando para entrar fortemente no Brasil, com uma visão muito competitiva de negócios.

Ao mesmo tempo, eu também percebia que o brasileiro estava pouco competitivo, não dava importância para ser o melhor em seu segmento de mercado, não ligava para vencer a concorrência dos

outros países que cobiçavam o nosso mercado. Então, escrevi o livro A revolução dos campeões, que também se tornou uma palestra. Nele, falo sobre como se tornar um campeão, vencer e chegar em primeiro lugar, principalmente em um mercado supercompetitivo.

Em outra ocasião, percebi que nosso povo ficou muito "dinheirista", muito materialista, focado demais em ficar milionário e tirar vantagens a qualquer custo. Foi nessa ocasião que pensei: "Preciso dizer às pessoas que sucesso sem felicidade é uma forma silenciosa de fracasso". E escrevi o livro *O sucesso é ser feliz*, que fala que sucesso sem felicidade é uma forma silenciosa de fracasso.

Ambos os livros conseguiram ajudar muitas pessoas e se tornaram best-sellers.

Tenha sempre em mente, quando você for palestrar, que sua missão de vida é fazer boas apresentações como um ato de generosidade com quem quer ouvir e aprender a partir do que você fala.

Quando você se propõe a ajudar o próximo, sua palestra se torna muito mais forte e muito mais poderosa do que se ficasse somente no campo das ideias e do seu interesse pessoal.

Antes de começar uma apresentação, faça essa pergunta para si mesmo: "Como vou ajudar essas pessoas a realizarem seus objetivos?", e trabalhe em cima dessa proposta, com essa energia.

Antes de começar uma apresentação, faça essa pergunta para si mesmo: "Como vou ajudar essas pessoas a realizarem seus objetivos?"

Ter como missão ajudar o próximo significa que você tem um propósito maior do que aquele de apenas estar ali falando algo para um público que talvez você nunca mais veja. Você sabe qual é sua função e qual é o significado de defender as ideias que você defende. E que há um contexto maior para tudo o que você fala, faz e acredita.

Quando você tem uma missão que resulta em ajudar as pessoas, você trabalha com paixão e isso contagia a plateia. Sua paixão ao se apresentar é entusiasmo, é alegria, é energia vital, que anima todos que o ouvem. Essa é a base do seu carisma, que faz com que você atraia a atenção das pessoas.

Eu admiro pessoas que amam criar um mundo melhor. Certa vez, Steve Jobs queria levar o então presidente da PepsiCo para trabalhar na Apple, mas ele teria de mudar de cidade com a família e estava resistente em aceitar a proposta. Então Jobs lhe fez a seguinte pergunta: "Você quer passar a vida vendendo água com açúcar ou ter a oportunidade de mudar o mundo?".

"Vender água com açúcar" e "mudar o mundo" seriam as missões de vida dessas empresas, na visão de Jobs. E a missão de vida é a razão maior, o motivo fundamental para que alguém desempenhe seu trabalho. Se fosse você a ter de tomar essa decisão, o que escolheria? "Mudar o mundo" ou "vender água com açúcar"?

Não há dúvidas de que a missão mais nobre seria mudar o mundo! Ter uma missão de valor e agir com entusiasmo por ela muda tudo à sua volta para melhor, e isso é apaixonante.

Um dos depoimentos mais nobres e bonitos que vi sobre isso foi o do professor doutor Paulo Grimaldi, um dos maiores patologistas do Brasil. No meu seminário "Os segredos dos palestrantes campeões", perguntei a ele o que pretendia realizar como palestrante. Ele me respondeu: "Roberto, quero fazer apresentações melhores para ver menos lâminas de pacientes mostrando células com câncer em estado avançado. Quero fazer palestras cada vez melhores para ensinar as pessoas a cuidarem melhor de sua saúde e ensiná-las sobre a importância da prevenção. Quero fazer apresentações cada vez melhores para não haver tantos pacientes em estado terminal, nem tantas notícias ruins para serem dadas aos familiares".

O doutor Paulo realmente entendeu o fundamento de se fazer uma palestra poderosa e isso mostra o quanto ele é especial e um grande exemplo de amor ao próximo.

Tenha uma missão de gigantes: pessoas que ajudam o próximo são mais poderosas

Resolvi escrever este livro porque quero ajudá-lo a falar de forma inspiradora, para tocar o coração das pessoas e convencê-las a agir.

Aqui você vai encontrar informações, métodos, estratégias, dicas, além de exemplos de minha experiência e de vários

outros palestrantes de sucesso. Vou ensinar a você tudo o que aprendi nesse trabalho como palestrante profissional.
Em toda a minha carreira de autor e palestrante, já fiz palestras em provavelmente todos os ambientes da sociedade humana:

- Falei para times que tinham de ganhar jogos quase impossíveis.
- Palestrei para pessoas se inscreverem como voluntárias em projetos sociais.
- Apresentei minhas ideias para comitês de políticos que precisavam de energia extra para conseguir que seus candidatos fossem eleitos.
- Já falei em seminários religiosos, para ajudar as pessoas a cuidarem da sua espiritualidade.
- Falei em todos os tipos de convenções empresariais: em situações limite, quando equipes passariam por demissão em massa; na época da privatização de estatais; em convenções de vendas, em lançamentos de produtos...
- Falei em congressos sobre os mais variados temas.
- E treinei muitos dos grandes palestrantes da atualidade.

Nessa minha trajetória, testemunhei muita coisa: já vi os modismos chegarem e desaparecerem e acompanhei como as palestras e as apresentações evoluíram no mundo todo. Vi fracassos, mas também muitos apresentadores sensacionais, com a capacidade de motivar seu pessoal a realizar o impossível.
Todos os anos, assisto a, pelo menos, cem palestras (entre nacionais e internacionais, presenciais e à distância), e tenho esse hábito para me manter atualizado, o que me ajuda a acompanhar a evolução desse mercado.

O que observo é que os melhores palestrantes transmitem fortemente seu compromisso com sua missão de vida. Quando você tem uma missão forte, é a força de seu ideal, e não a sua, que prevalece.

Eu senti isso perfeitamente quando assisti uma das palestras mais incríveis da minha vida. Aconteceu em uma ocasião em que fui convidado a falar antes de Herbert José de Sousa, o Betinho, o importante sociólogo e ativista de direitos humanos (que faleceu em 1997). Uma das pessoas que mais admirei nesta vida.

Ele estava promovendo a campanha contra a fome e eu estava envolvido em uma campanha para motivar as pessoas a prestarem solidariedade aos necessitados. Fui convidado a dar uma palestra sobre isso no Rio de Janeiro e, quando cheguei lá, descobri que faria a palestra de abertura para meu ídolo Betinho. Minhas pernas tremeram ao vê-lo no camarim.

Sua presença de palco não era exuberante, porque ele já estava muito fraco com sua doença. Ele não usou *slides* maravilhosos nem efeitos especiais, mas teve muita força! Era a força de quem estava comprometido com uma obra que ajuda milhões de pessoas. Sua verdade tocou o coração de todos os presentes.

A missão do apresentador poderoso é exatamente essa: mudar a vida das pessoas com suas palavras

Ao ouvir sua palestra, fiquei comovido com o poder de sua presença. Depois, ao encontrá-lo nos bastidores, ainda estava tão emocionado que o máximo que consegui foi falar algumas poucas palavras sobre a admiração que sentia por seu trabalho e por sua pessoa.

Então, lembre-se sempre: quanto maior for seu ideal, quanto mais verdadeira e universal for a sua missão, maior será sua presença, seu poder e seu alcance no coração das pessoas.

Quando sua missão é poderosa, você se transforma apenas em um veículo, uma representação da grandeza que ela significa para todos. E sua causa falará por você!

Por isso, quero contribuir para que suas apresentações sejam muito poderosas e impactantes e que produzam muitos resultados. Eu sei que talvez seu objetivo não seja se tornar um profissional das palestras propriamente. Porém, conhecer os segredos das grandes palestras vai ajudá-lo a entender as ferramentas para fazer apresentações inspiradoras, objetivas e que produzam resultados positivos para você e seus clientes, mesmo que em seus negócios você tenha de palestrar para apenas uma pessoa de cada vez.

E digo mais: se quiser atingir suas metas, é importante que suas apresentações sejam tão inspiradoras quanto as de um palestrante profissional.

Em 35 anos nessa atividade, aprendi e descobri muitos segredos de uma apresentação poderosa, e vou ajudar você a fazer o que eu faço contando meu método e meus segredos. Garanto que você vai terminar este livro como todas as informações para saber fazer uma excelente apresentação ou palestra, seja ela para uma pessoa ou para um estádio de futebol.

Quero que você cresça como palestrante para que, ao final de suas apresentações, as pessoas aplaudam sua competência e percebam como elas podem ser mais felizes.

Que você venda tão bem seus produtos, ideias, argumentos e serviços que, quando termine de falar, seus clientes tenham vontade de dizer: “Onde eu assino o pedido?”. Mas, principalmente, que no momento em que sua apresentação terminar, as pessoas tomem iniciativas motivadas pela força de suas palavras, porque percebem como suas ideias e produtos podem transformar a vida delas.

A missão do apresentador poderoso é exatamente essa: mudar a vida das pessoas com suas palavras. É, de fato, uma missão de gigantes, como aqueles que mudaram a história.

Repito: a vida de muita gente vai mudar porque você está lendo este livro. A vida de muita gente vai mudar porque você vai ajudá-las com suas apresentações.

Desejo que você e seu sucesso sejam tão grandes quanto sua generosidade e seu amor por quem se dispõe a ouvi-lo.

E, tenha certeza: quanto maiores forem seu interesse e dedicação ao próximo, maior será também seu poder de transformar a vida das pessoas e de mudar o mundo para melhor!

Um grande abraço,

Roberto Shinyashiki

1 | Você faz apresentações todos os dias; portanto, faça-as bem feitas!

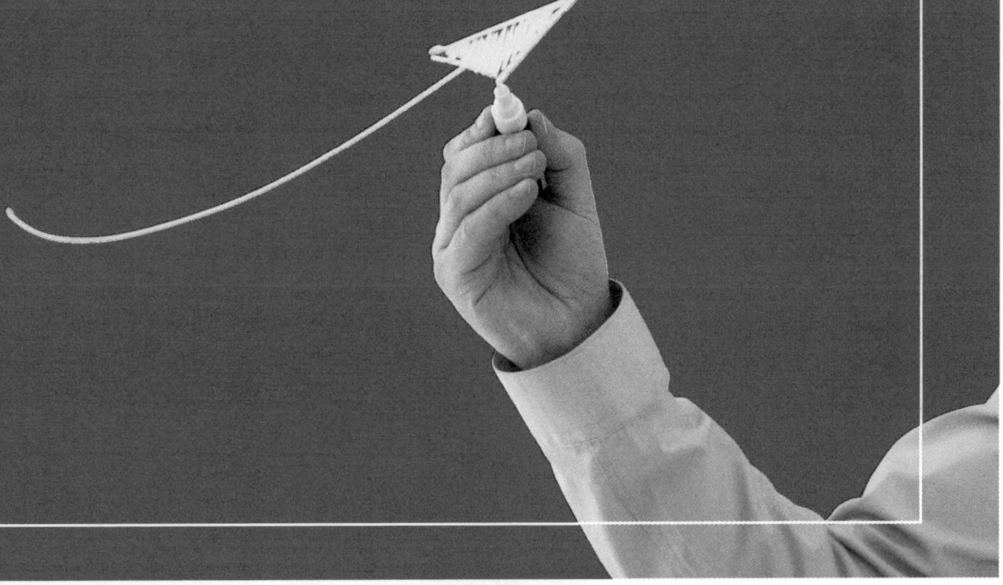

Talvez você nem tenha se dado conta, mas faz apresentações todos os dias. E não apenas quando precisa falar diante de várias pessoas, de uma maneira formal. Fazer apresentações e palestrar é um trabalho que pertence à rotina da maioria dos profissionais, pois se trata de falar sobre o que você faz, quer fazer ou pode fazer por alguém:

- Quando você expõe um argumento, um ponto de vista, uma ideia, ou apresenta um novo projeto ou produto, está estruturando sua mensagem da mesma maneira que faria em uma palestra.
- Quando você vende algo, está fazendo uma palestra que precisa ser convincente, pois precisa mudar a percepção de seu cliente para que ele compre de você.
- Quando você expõe um assunto de sua especialidade, está palestrando sobre ele para que as pessoas conheçam aquele tema.
- Quando você conversa com sua equipe sobre um projeto, está fazendo uma palestra que precisa inspirar e motivar seu pessoal para determinado objetivo.
- Quando você explica uma ideia, uma estratégia ou um resultado, está fazendo uma palestra, mesmo que seja informal e somente para algumas pessoas.

Quanto melhor forem suas apresentações, mais bem-sucedido será em seu trabalho e mesmo sua vida pessoal.
Infelizmente, o inverso também é verdadeiro: se você não souber falar do que você é capaz de fazer, poderá comprometer sua carreira e profissão e até mesmo prejudicar muitos de seus relacionamentos.
Há muitas pessoas que, só de pensar em falar para um público, seja ele grande ou pequeno, paralisam. Outros não percebem a oportunidade que têm nas mãos de alavancar sua vida profissional. É muito comum ver profissionais com a carreira

bloqueada por não conseguirem apresentar seu trabalho de maneira clara, convincente e motivadora.

Uma empresa pode quebrar quando o empresário ou o executivo não consegue motivar sua equipe a se comprometer com um projeto. Um vendedor fracassa quando não consegue convencer os clientes a comprar a quantidade suficiente para atingir sua meta.

Por isso, é preciso aprender urgentemente a se comunicar, a passar sua mensagem, suas ideias e informações sobre seu trabalho.

Aprenda a influenciar pessoas

Ao longo de minha vida profissional, vi muita gente competente ganhar menos do que deveria por não saber vender seu peixe. Não foram capazes de mostrar aos outros que tinham uma solução para o problema deles.

Talvez você seja um cirurgião plástico sensacional, mas está sem clientes por não conseguir convencer o paciente a fazer a operação com você. Você talvez seja um grande engenheiro, que entende tudo de construção, mas não consegue fazer sua equipe se comprometer com os prazos.

Você pode falar, falar e falar, mas se não souber influenciar as pessoas, se não conseguir comunicar-se bem, não será ouvido e ninguém colocará em prática o que você diz.

Comunicar-se bem é garantir que sua mensagem chegue ao ouvinte com integridade, com assertividade, de maneira convincente. Ela deve ser capaz de influenciar a ponto de impulsioná-lo a fazer algo que ele não faria antes de ouvir sua apresentação.
Talvez seu pai tenha passado a vida inteira falando da importância de praticar esportes, mas o discurso dele, em vez de motivar, tirou toda a sua vontade de querer ser um atleta.
Talvez você conheça pessoas que conseguem o efeito contrário. E, com apenas uma frase, são capazes de fazer os outros mudarem radicalmente a maneira de ver e agir em determinada situação.
Por exemplo, eu não gostava nada de correr e fazer exercícios regularmente. Até que um dia comentei com o preparador físico e meu amigo Nuno Cobra sobre essa dificuldade. No meio da conversa, falei que sabia da importância de cuidar da minha saúde para não ter um enfarte do miocárdio.
Ele, com aquele olhar generoso, comentou: "Mas, Roberto, o pior não é morrer de enfarte!". "O que pode ser pior?", perguntei. Então, ele comentou: "Eu vejo sua rapidez mental nas palestras. Lembre-se de que assim como existe arteriosclerose nas carótidas, existe também nas artérias cerebrais. Com isso, vai chegar menos sangue ao cérebro e você vai passar a pensar com mais dificuldade".
"É verdade!", falei automaticamente. E então ele foi magnífico: "Existe algo ainda pior!". "O que pode ser pior, Nuno?"
"Existe também arteriosclerose das artérias testiculares. Nesse caso, a irrigação dessa região vai ficar prejudicada e a

ereção vai ficar comprometida. E eu penso que isso não é nada bom para a sua qualidade de vida!" Imediatamente, eu falei: "Quando começamos meu condicionamento físico?".
Aparentemente, essa história foi uma simples conversa, mas, na verdade, esse foi um dos melhores exemplos de "uma minipalestra de 5 minutos", que me levou a agir de maneira mais saudável, pelo que serei eternamente grato ao Nuno.

Seja convincente e impactante

Você não precisa falar muito em suas apresentações, mas elas têm de ser organizadas para ter impacto. É como acontece naqueles filmes emocionantes de guerra ou de esportes, nos quais um treinador consegue tocar o coração dos seus atletas, ou um general inspira sua tropa, e faz com que eles lutem pela vitória.
Ou então como naquelas histórias que nos fazem vibrar, em que um pai é capaz de motivar o filho a parar com o vício das drogas e fazer com que ele volte a estudar. Ou quando assistimos a documentários empolgantes sobre casos verídicos, como quando o presidente Kennedy, dos Estados Unidos, garantiu ao seu país que, antes do final da década, colocariam um homem na Lua. Ele conseguiu fazer com que os profissionais da Nasa se dedicassem de corpo e alma ao projeto, com o apoio de toda a população, até realizarem a meta.
Pessoas capazes de motivar muita gente a cumprir uma missão difícil não são seres excepcionais. Elas simplesmente têm

claro aonde querem chegar com seus discursos e contam com um método para realizar esse objetivo.

Praticamente em todas as profissões é preciso fazer apresentações convincentes, intensas e motivadoras, mesmo que seja com uma pessoa por vez, como é o caso dos profissionais liberais, como médicos e dentistas.

Há algum tempo, passei por uma experiência que ilustra exatamente isso. Durante anos, frequentei alguns consultórios dentários diferentes e todos os dentistas com os quais conversei me disseram que eu precisava de um implante. Só que nenhum deles conseguiu me convencer a realizar o procedimento.

Colocar um implante dentário me parecia um processo delicado, complicado, dolorido. Então, eu evitava passar por isso a todo custo. Até porque não acreditava na sua real necessidade. Um belo dia, tive uma dor forte de dente e fui obrigado a marcar uma consulta de emergência com uma dentista que eu não conhecia, mas era a que havia disponível na ocasião.

Depois de resolver meu problema, a doutora conseguiu me convencer, com seus argumentos, a colocar o implante. Seu tom de voz, porém, não me inspirou a fazer o tratamento com ela.

Busquei outro profissional e fui para a consulta. Ele repetiu todos os argumentos da dentista anterior, mas fez mais: durante a conversa, mostrou sua competência e me fez sentir segurança em realizar o tratamento com ele. Na semana seguinte, comecei as sessões para, finalmente, colocar o implante.

Esse profissional foi um brilhante palestrante. Não apenas conseguiu me convencer a tomar uma atitude em relação à minha saúde bucal como também me mostrou que era o profissional mais indicado para realizar o procedimento.

Esse dentista foi preciso, assertivo, e aproveitou o momento certo, falando a coisa certa e, principalmente, da maneira certa para me convencer. A dentista do atendimento de emergência foi até convincente, mas derrapou na reta final, não sendo capaz de conquistar a minha confiança o suficiente para que eu entregasse a ela a responsabilidade pelo tratamento.

Mas meu dentista conseguiu ser intenso e me convenceu, ganhando mais um cliente, reconhecimento profissional e remuneração por isso.

Essa história também ressalta um ponto muito importante: toda palestra é de vendas. Toda apresentação vende algo. Sempre que você conversa com alguém, está vendendo alguma coisa: sua competência, suas ideias, seus projetos ou mesmo um produto.

O participante de uma apresentação está interessado nele (e não em você)

Muita gente pode até falar bonito, mas não consegue vender suas ideias. Isso porque fica preso em si mesmo, em seu próprio mundo, e se esquece de focar no público.

Fazer uma apresentação envolve falar a linguagem do outro, colocar a atenção no espectador. É entendendo os anseios e os desejos dele que você vai ter sucesso.

Toda apresentação vende algo

O público não está interessado em você, em seus motivos e questões pessoais. Ele só ligará as antenas para captar o que você diz quando perceber que você tem algo muito valioso a oferecer a ele, algo que vai fazer com que a vida dele mude para melhor.

Quando alguém toma a palavra, a audiência, que está interessada em si mesma, faz automaticamente as perguntas mentais: "O que eu ganho com isso?" e "O que esse palestrante fala que pode me ajudar a realizar meus objetivos?".

Quando você foca no público, ele entende o que você diz e é tocado por isso. Muitas vezes, o palestrante perde a conexão com a plateia por não conseguir descobrir as motivações de seus ouvintes. Mostre ao seu público sua capacidade para ajudá-lo a realizar seus objetivos.

2 | Os fundamentos do sucesso no mundo das apresentações

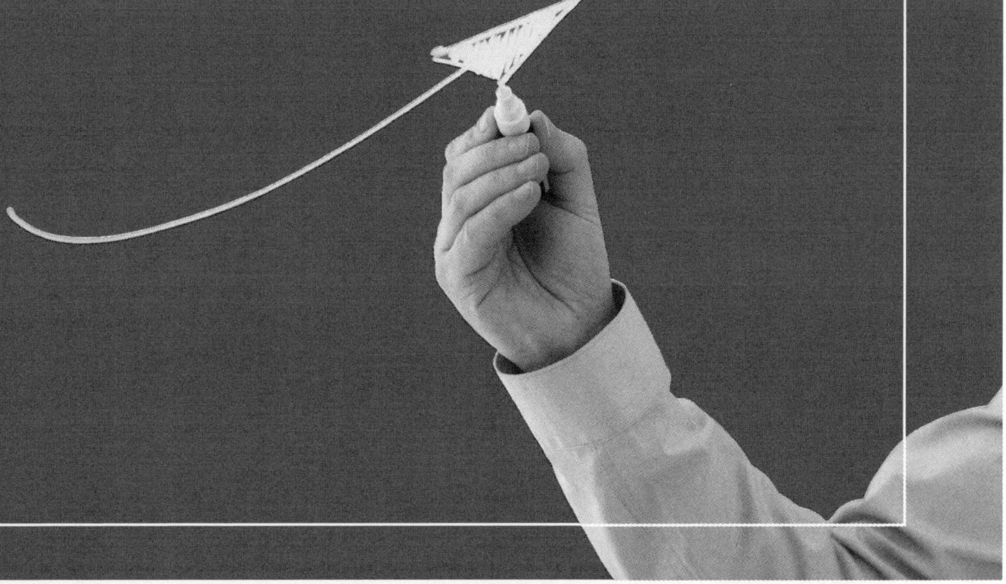

Para ser bem-sucedido em qualquer atividade, você precisa cuidar dos fundamentos dessa atividade, ou seja, das ações básicas que garantam que você pode ter um bom desempenho nela.

Muitas pessoas querem começar a construir uma casa pelo telhado e não percebem que o telhado só fica firme quando está estruturado sobre paredes sólidas. E as paredes só se sustentam quando apoiadas em fundações muito bem feitas.

O tamanho de nossa casa depende da solidez das fundações que fizermos primeiro. Por não terem construído fundações sólidas, muitos profissionais observam que suas "casas" não conseguem ser construídas. Outros, depois de um breve tempo de sucesso superficial, assistem seus arranha-céus caírem.

Sempre no começo de um novo projeto eu me pergunto: quais são os fundamentos para que eu tenha sucesso nessa atividade? Por exemplo, quando comecei a aprender a jogar tênis,

perguntei ao professor quais eram os fundamentos desse esporte. E ele me respondeu: saque, voleio, direita, esquerda e muita concentração. Passei a cuidar desses fundamentos em meus treinos.

Quando quis melhorar minha performance tocando guitarra, fiz a mesma pergunta ao professor de música. Ele me respondeu: mão direita, mão esquerda, ritmo, harmonia e desempenho no palco.

Não sou nenhum gênio nessas duas atividades, mas tenho certeza de que meus resultados são ótimos para o pouco tempo que invisto nelas, pois cuidei primeiro dos fundamentos e procurei ser bom neles.

O mesmo acontece com as palestras. Para que suas apresentações tenham consistência, você precisa cuidar dos seus fundamentos.

Para que a sua mensagem tenha força e potência, é importante que você saiba que tudo o que vou ensinar nestas páginas só funcionará se você observar os fundamentos a seguir. Se eles não estiverem presentes em seu trabalho, você e sua mensagem ficarão enfraquecidos e perderão a credibilidade, e será mais trabalhoso fazer sua carreira decolar. Ou, pior ainda: sem a base firme, a construção desmoronará depois de um tempo de sucesso inicial.

Os fundamentos do sucesso consistente e duradouro no mundo das apresentações são os mesmos do mundo dos negócios. Vamos então conversar sobre os princípios que criarão a consistência das suas apresentações e da sua carreira.

Seja ético

Tenha ética e princípios. As pessoas percebem quando um profissional não tem princípios e, por causa disso, ele perde credibilidade e suas apresentações perdem força. Pode ser que suas primeiras apresentações funcionem, mas, depois de algum tempo, a audiência percebe que está sendo enganada e fechará ouvidos e olhos para ele.

Quando o diretor geral de uma empresa trata mal as pessoas, mas em suas apresentações fala que todos são importantes, o público acaba não acreditando em nada do que ele diz.

Quando um executivo passa a perna em seu concorrente, de nada adianta ele pedir em suas apresentações que a sua equipe seja leal.

Quando um líder de vendas se envolve em falcatruas para ganhar a concorrência, será impossível que em suas apresentações ele convença sua equipe a ter ética nos negócios.

Não se pode falar de ética sem praticá-la. As palavras de um palestrante que age sem ética se perderão no vazio.

Mentiras tiram a credibilidade do profissional. Falta de ética tira a força de suas apresentações.

Lembre-se da pesquisa do *Wall Street Journal*: a ética pessoal e profissional é cobiçada não somente pelos recrutadores de empresas, mas por todas as pessoas.

A primeira pergunta que fazemos quando conhecemos uma pessoa é: ela é confiável? Depois de algum tempo, consegue--se criar credibilidade, mas ela pode ser perdida em um estalar de dedos. Por isso, cuide sempre de ter coerência em suas ações e manter uma imagem respeitável.

Ofereça qualidade para seu público

Quando um grande vendedor fala de seu produto, o comprador fica apaixonado a partir do que ele apresenta. Se os compradores perceberem que adquiriram algo de segunda linha, a frustração será tão grande que eles falarão mal do produto para todos. Depois de algum tempo, esse vendedor terá de arrumar um novo público.

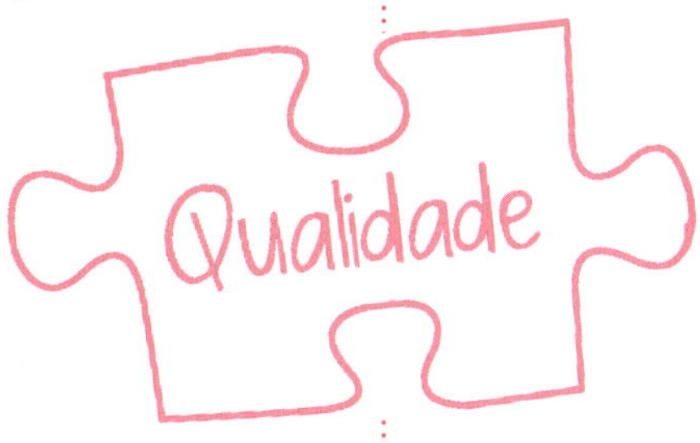

O sucesso tem de ser construído sempre em cima de qualidade. Por isso, tenha um produto ou serviço *premium*. Ofereça muita qualidade para as pessoas. Quando seu produto ou serviço não puder ser comparado aos melhores, sua eficácia como profissional que faz apresentações pode ficar comprometida.

Um médico que diz ter um método de tratamento sensacional consegue a atenção de seu público, mas cai em descrédito se os pacientes perceberem que seu trabalho não é eficaz.

Quando você tem um produto de segunda linha, as pessoas vão notar a falta de qualidade daquilo que você oferece e procurar alternativas melhores, não importa o seu argumento.

O marketing pode até ajudar a vender, mas o sucesso só vai se manter se sua palestra tiver conteúdo, se seu produto for *premium*.

Seu produto não precisa ser uma invenção sua, mas tem de ter a sua marca como garantia de qualidade. A Apple não inventou o telefone celular, mas fez do iPhone um produto muito especial, único, que não permite comparações da concorrência.

Toda apresentação de sucesso tem em si uma promessa, e é fundamental que você entregue o que prometeu.

Dê benefícios para seus ouvintes

Tenha uma proposta que realmente beneficie quem vai ouvi-lo. Não ofereça uma caixa vazia para seu público. Seu resultado ficará muito comprometido se seu público perceber que está sendo usado por você ou por quem o contratou.

Para sua palestra ter sucesso, para motivar as pessoas, você tem de oferecer algo que seja realmente vantajoso e bom para elas. Não caia no erro de fazer uma apresentação em que você atenda somente aos seus interesses, achando que o público vai te ouvir... Porque ele não vai ouvir mesmo!

Tomei conhecimento sobre um caso em que o diretor de uma empresa do ramo de alimentos fez uma palestra para sua rede de franqueados. Alguns alimentos estavam estragando e a empresa fazia a substituição para os franqueados, sem custo extra.

Só que, na palestra, o diretor da empresa praticamente acusou os franqueados de estarem fazendo uma estocagem errada do produto e falou que, a partir daquele dia, eles deveriam arcar com os custos de reposição. Depois disso, tentou motivá-los a cuidar melhor de seus estoques.

É claro que não funcionou! O diretor não disse algo que efetivamente ajudasse os franqueados a resolverem seu problema. Ele simplesmente transferiu a responsabilidade da empresa para seus parceiros. Ao final da palestra, todos saíram revoltados.

Um palestrante não pode subir ao palco para falar de seus anseios, mas sim para cuidar dos anseios da plateia.

É importante que a palestra tenha o objetivo de beneficiar quem vai assisti-la. Caso contrário, não adianta bolar uma apresentação poderosa, que não vai funcionar.

Seja exemplo do que você fala

Existe uma frase bastante significativa a esse respeito, dita pelo professor Henrique José de Souza: “Nada pior que um bom discurso seguido de um péssimo exemplo”. Então, seja sempre um bom exemplo daquilo que você diz. Não adianta você fazer apresentações maravilhosas se suas palavras não forem condizentes com suas ações.

Nas apresentações, não funciona o “faça o que eu digo, mas não faça o que eu faço”. Você precisa praticar o que prega:

- Se seu tema é qualidade de vida, você precisa exalar bem-estar, saúde e tranquilidade.
- Se seu tema é organização de tempo, você deve ser pontual, preciso, terminar no horário, cumprir prazos e saber administrar seu tempo.
- Se seu tema é um programa de emagrecimento, você deve ser magro, elegante e esbelto.
- Se seu tema é sucesso em finanças, você tem de mostrar sua prosperidade e riqueza.
- Se seu tema é sobre felicidade, você precisa transmitir alegria e satisfação de viver.

- Se seu tema é superação, você precisa haver superado algo realmente acima da média.

É muito comum ver palestrantes com um discurso totalmente diferente daquilo que ele pratica em sua vida pessoal e profissional. É óbvio que isso não vai funcionar.
Suas palavras podem ser fortes, podem falar alto e tocar as pessoas, mas elas só terão força real se forem acompanhadas do exemplo correspondente, pois, como se diz, "palavras falam alto, mas exemplos gritam". Por isso, faça com que sua vida seja o testemunho do que você fala.

3 | Como conquistar pessoas com suas apresentações

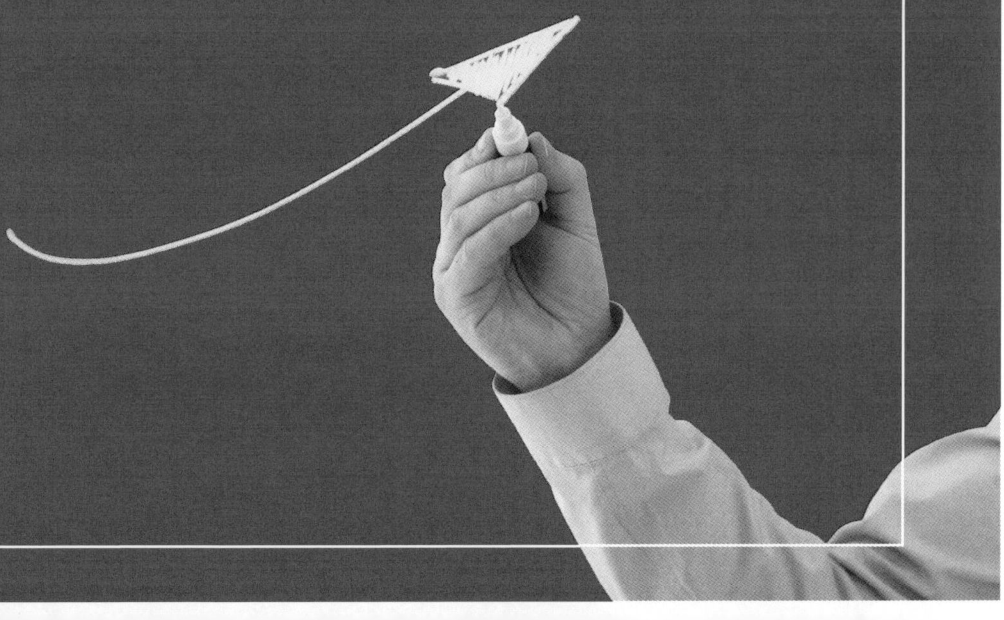

Uma palestra, ou uma apresentação, precisa ter um propósito bem definido para conquistar pessoas. Quando suas ideias ficam soltas, elas são esquecidas rapidamente.

Por exemplo: você é um orientador educacional de uma escola e vai fazer uma apresentação para os pais sobre a prevenção de drogas. Antes de começar a falar, precisa decidir aonde quer chegar.

- Qual é o propósito de sua palestra?
- Que os pais conversem com os filhos sobre o tema?
- Que eles estudem mais o problema?
- Que eles participem de um grupo de estudos?
- Que eles lhe procurem para conversar sobre o tema?
- Que os pais que tem filhos com problemas tomem alguma atitude?

Os grandes oradores sempre têm uma meta clara quando começam a falar. Organizam sua apresentação para provocar esse efeito e arrebatar a plateia para eles. Lembre-se de que estou falando de apresentação (ou palestra) no sentido mais amplo da palavra. Pode ser para uma pessoa ou para centenas de espectadores.

Você pode ser um empresário conversando com seu diretor ou falando para os seus milhares de colaboradores. Você pode ser um Steve Jobs falando para a sua equipe ou lançando um novo produto.

A partir da definição do objetivo, você organiza a apresentação para conquistar com paixão sua plateia e levar as pessoas a ter a reação previamente pensada por você.

Só por isso, já fica fácil perceber que ser um palestrante é bem diferente de ser um professor. O professor, na sala de aula, tem como meta ensinar determinado conteúdo. Um palestrante terá um objetivo mais amplo: fazer com que seu ouvinte se apaixone por um tema ou por projeto específico e parta para a ação.

Na verdade, há professores que fazem verdadeiras palestras em suas aulas. Quando um professor usa as técnicas dos palestrantes, ele chega influenciar seus alunos a tal ponto que acaba os ajudando a decidir a carreira a seguir.

Na faculdade, tive um professor de cirurgia, o doutor Célio Gayer. Ele era tão bom em suas aulas que me fez pensar em ser cirurgião. Falava de forma muito simples, mas tão organizada e impactante, que influenciava todos os que o ouviam, e fazia as pessoas se apaixonarem pela área em que ele atuava. Eu tive um trabalho intenso para explicar a mim mesmo que a paixão pela cirurgia era dele, e que a minha era ajudar pessoas! E até hoje me lembro do poder das suas apresentações.

Para influenciar e ajudar a transformar a vida das pessoas, produzindo nos seus ouvintes o desejo de agir, um palestrante precisa ter características muito especiais, das quais falaremos a seguir.

Toque o coração das pessoas

Uma apresentação não precisa ser um show ao estilo Las Vegas, com música ao vivo, dançarinas, efeitos luminosos e tablados móveis para impressionar. Precisa que toque o coração das pessoas, cative a atenção dos participantes e inspire-os a ir além daquilo que já conseguiram.

Uma apresentação não pode apenas ter conteúdo e conceitos corretos, mas precisa fazer com que pessoas vislumbrem novas possibilidades ou aspectos como nunca haviam considerado antes.

O bom apresentador toca a alma das pessoas. Ele criar uma energia psicológica que põe em movimento os comportamentos necessários para realizar aquilo que está propondo. É capaz, assim, de gerar nas pessoas a determinação necessária para ter o forte desejo de usar o que aprendeu.

É esse desejo de crescer que vai impulsionar cada pessoa a aplicar o que ouviu. E, como já dissemos várias vezes: uma apresentação precisa ter o poder de fazer o participante colocar em prática aquilo que ele aprendeu durante o tempo em que ficou sentado assistindo você falar.

A plateia precisa da vibração do apresentador, porque ela é catalisadora dos processos que acontecerão com elas. Você não pode simplesmente passar informações, como um professor de antigamente que somente se preocupavam em ensinar a matéria e os conteúdos exigidos em seu curso.

Você tem de ter um roteiro que gere diferentes emoções ao longo da apresentação. Cada minuto deve ser planejado e pensado para obter determinada reação da plateia.

Um roteiro forte desperta as emoções adequadas e leva os ouvintes a um auge e a um sentimento de "Eureca!" no final da apresentação.

Em outras palavras, o apresentador deve abrir a mente da pessoa enquanto a conduz para as ações previstas no objetivo de sua palestra.

Eu gosto de usar histórias para levar as pessoas a entrarem em contato com a energia da ação. Algumas vezes, falo sobre casos, em outras, conto piadas ou falo diretamente com a pessoa. Talvez você esteja com vontade de me falar: "Mas, Roberto, eu não sei contar anedotas!".

Eu também não sabia. Estudei um pouco e treinei muito. Como sei que elas são importantes, tomo nota de uma nova quando vejo um show ou leio em um site. Tudo é questão de estudar e treinar!

O apresentador deve abrir a mente da pessoa enquanto a conduz para as ações previstas no objetivo de sua palestra

Interaja com o público

É muito ruim ver palestrantes que usam a mesma técnica dos guias-mirins das igrejas de Ouro Preto: falam um texto decorado e, quando são interrompidos, têm de começar sua apresentação a partir da primeira frase. Não mudam uma palavrinha sequer, não olham para as pessoas, não têm o prazer de interagir com quem está escutando.

Incentivar a participação do público não significa necessariamente ser sabatinado por ele. Muitas vezes, nem há tempo para isso. O importante é haver troca emocional. Olhar nos olhos, fazer com que as pessoas se sintam importantes, colocar questões que as ajudem a refletir sobre o que você, palestrante, está falando, são recursos muito eficientes para captar a atenção do público.

Os três primeiros minutos de uma apresentação definem se você vai ser escutado ou aturado

Quem está à frente de um público deve ter boa percepção de sua reação. Sacar se as pessoas estão apáticas ou empolgadas.

Quando há interesse, a audiência dedica o máximo de atenção e busca aproveitar cada vírgula do que você diz, porque, acima de tudo, está se divertindo.

Como você já deve imaginar, está fora de cogitação ser leitor oficial de *slides*. Por favor, não torture seu público lendo exatamente o que está escrito naquelas longas listas de tópicos! É desesperador para quem assiste e um desastre para quem fala. Aliás, não se preocupe, pois você vai aprender aqui a planejar e preparar uma apresentação para não ficar dependente do conteúdo do Power Point.

Tenha ritmo e intensidade

Como palestrante, você precisa garantir que cada minuto de sua fala tenha uma velocidade compatível com o interesse das pessoas e com o conteúdo exposto.

Demorar muito em um tópico pode causar sono, tédio ou irritação e a consequente perda de interesse.

Por outro lado, passar muito rápido por algum ponto importante causa ansiedade e falta de entendimento. Isso faz com que as pessoas se desconcentrem e fiquem impacientes.

Se uma palestra for morna, sonolenta, entediante, densa em dados e sem nenhum atrativo, vai deixar o público cansado. Em alguns casos, até irritado e disperso, preferindo esquecer o que ouviu, já que a emoção gerada foi negativa.

Ao longo da palestra, o apresentador precisa manter a energia em alta: dar uma largada forte, inspirar no decorrer da apresentação e chegar ao final energizando as pessoas para que elas possam agir.

Se o apresentador perder o fôlego, o público vai sentir o golpe e os resultados da apresentação ficarão prejudicados.

Se o palestrante começar lento, imaginando que o início é um "aquecimento", terá perdido a chance de ganhar a audiência já nos primeiros três minutos.

Os primeiros três minutos de uma apresentação definem se você vai ser escutado ou aturado; portanto, sempre tenha uma abertura de palestra forte.

Quando um atleta vai correr os cem metros rasos, não pode nem sonhar em errar na largada. Se fizer isso, não vai se recuperar durante a prova. Não dá tempo. O campeão em apresentações dá a largada com tudo, cumpre exatamente o tempo que foi estipulado para falar e manda seu recado nesse tempo, chegando ao objetivo final.

Depois de um começo intenso, é necessário manter o pique. Em cada convenção de que participo, observo sempre os palestrantes que me antecedem. E fico triste em ver quantos empresários e executivos se apresentam com uma fala monótona e aborrecida. Perdem a oportunidade de ouro de mostrar sua competência e energia ao falar para centenas e, às vezes, milhares de colaboradores que viajaram o país todo para ouvi-los.

Note algo importante: o silêncio também faz parte do ritmo da palestra. Há momentos em que a pausa é importantíssima e poderosa. Uma técnica poderosa é ir expondo as ideias com intensidade e, de repente, fechar o raciocínio com uma frase instigante. Em seguida, ficar em silêncio a fim de dar um tempo para essa ideia ecoar no coração dos participantes.

Por exemplo: o apresentador vem falando dos riscos da inflação e, de repente, diminui o ritmo e fala com uma voz marcante: "Mas, para todos os males, há uma solução" (silêncio). Com essa pausa, as pessoas ficam na expectativa de ouvir a solução e abrem o ouvido e o coração para prestar mais atenção ao que vem a seguir.

Quando o apresentador voltar a falar, suas palavras terão muito mais força e farão todos sentirem o impacto do que foi dito!

Permaneça na mente do público

No minuto seguinte ao final da sua apresentação, seu público terá a tendência de esquecer o que aprendeu. Por isso, dê um jeito de ser lembrado depois da sua palestra. Quanto mais tempo seu discurso permanecer na mente das pessoas, mais eficiente e mais marcante terá sido sua apresentação, e vice-versa. E mais: será muito maior a chance de você ter conquistado bons aliados.

Para mim, a melhor maneira de ser lembrado é ter uma mensagem bem objetiva, com vários exemplos, informações e casos para ajudar as pessoas a entenderem bem e, principalmente, a aplicarem essa informação.

Por isso, é perigosíssimo passar informações em excesso: as pessoas não vão conseguir reter o

que realmente é importante. Então, tire as gorduras desnecessárias, e não "encha linguiça".
Sua palestra precisa ser bem focada e fazer com que o público se lembre, pelo menos, dos pontos principais. Repita e ressalte bem para a plateia quais são esses pontos, para ajudá-la a gravá-los.
Depois de uma boa palestra, as pessoas saem tendo clareza sobre o que foi dito, e se sentindo capazes de repetir uma síntese da mensagem que receberam. Elas serão capazes de lembrar as ideias que realmente importam e as repetirão para outras pessoas e, principalmente, sairão com a forte crença de que têm as ferramentas para fazer o que não conseguiam ou o que não entendiam antes.
Outro ponto importante para conseguir permanecer na mente das pessoas é estimular o aprendizado das ideias. Se a pessoa simplesmente tem uma atitude passiva de escutar, vai tender a se distrair na palestra e também esquecerá o que aprendeu. Por isso convide-a a participar para que tenha uma experiência de aprendizagem ativa.
Gosto das palestras dinâmicas, porque são mais eficazes e prazerosas. Um dos exemplos de aprendizagem dinâmica é o que faço em minha palestra "Problemas? Oba!". Meu objetivo é que os participantes treinem curtir a oportunidade de ajudar alguém a resolver um problema. Então, nessas palestras, costumo treinar as pessoas a dizerem "oba!" quando eu falo a palavra "problema", fazendo uma associação imediata entre a existência de um problema e sua solução, e a oportunidade incrível que existe quando você se dispõe a resolver um problema. Repito isso várias vezes durante as palestras, até que isso acaba ficando automático: "Problemas? Oba!".
Não tenho dúvida alguma de que essa associação é algo que a plateia leva com ela para seu dia a dia, e que, por isso, as pessoas se mantêm conectadas por muito mais tempo com minhas mensagens.
Coloque energia, poder de síntese e emoção em suas palavras e elas ecoarão na mente e no coração de seus ouvintes por muito e muito tempo.

Sua palestra precisa ser bem focada e fazer com que o público se lembre, pelo menos, dos pontos principais

Use seu tempo com habilidade

Um palestrante precisa saber aproveitar da melhor maneira possível o tempo que tem à sua disposição. Em minha opinião, um dos melhores exemplos de bom uso do tempo é o dos vendedores em semáforos das grandes cidades. É claro que eles falam para quem sinaliza interesse, mas basta você olhar o produto que eles têm na mão ou sorrir, e eles já se aproximam com a palestra pronta, sabendo que vão falar com um consumidor em potencial.

Cada palavra que esses vendedores dizem tem um objetivo e não há nada desnecessário ou a mais. Depois de 30 segundos de palestra, você pode observar que eles fecharam mais um negócio. Sua mensagem está pronta para levar o cliente a uma ação, ou seja, fazê-lo tirar a carteira do bolso ou da bolsa em tempo recorde, entregar o dinheiro e pegar o produto.

O objetivo do vendedor de rua não é ser aplaudido. No final do dia, ele não pode voltar para casa sem dinheiro e dizer para a família: “Não ganhei dinheiro para nossa comida, mas fui muito aplaudido e elogiado nos semáforos”.

Precisamos fazer uma revolução no conceito do que é uma apresentação! É preciso usar muito bem o tempo que você tem para atingir seu objetivo, seja ele qual for. Você precisa se programar para alcançar o que quer sem usar mais minutos do que os disponíveis.

Certa vez, fui assistir a um seminário sobre marketing digital. As palestras tinham como objetivo maior mostrar a importância dessa ferramenta e vender uma pós-graduação nessa área.

Os organizadores dividiram o tempo, ao longo do dia, entre quatro palestrantes. Cada um deveria falar por duas horas. Em minha opinião, uma hora seria o ideal para empolgar a plateia e fazer com que as pessoas desejassem se aprofundar no tema fazendo a pós-graduação. Porém, os palestrantes ficaram entrando em detalhes e dando voltas. Pensaram que assim mostrariam ainda mais seu conteúdo e despertariam ainda mais o interesse da plateia pelo assunto. Duvido que algum dos participantes do evento tenha se inscrito para o curso!

É muito comum que donos de empresas, em suas apresentações de abertura de convenções, queiram falar por 90 minutos. Mas fazer isso de maneira interessante e eficaz é tarefa para palestrantes superprofissionais. Mesmo assim, o tempo da palestra de um Jim Collins, por exemplo, é de não mais que 60 minutos!

Grandes comunicadores usam no máximo 18 minutos. Procure pesquisar e assistir a alguns dos grandes discursos transformadores da sociedade humana e você verá isso. Se você tem 45 minutos para falar, não pode enrolar no começo, nem esticar o assunto por 50 ou 60 minutos. Se você tem três minutos, fale por três minutos. Não fale nem cinco e nem dez, e nem dois.

O tempo da sua palestra é o tempo que o cliente disponibiliza para você se apresentar

Mas como saber qual é o tempo realmente necessário para a sua palestra? O tempo da sua palestra é o tempo que o cliente disponibiliza para você se apresentar.

Imagine um camelô de semáforo dizendo para o motorista do carro: “Eu preciso de três minutos para convencê-lo a comprar minhas rosas...”. O cliente tem somente de 15 a 30 segundos parado naquele semáforo, e o camelô precisa fazer sua palestra nesse tempo, senão o carro vai embora e nunca mais ele faz a venda.

Apresentações para empresários não devem durar mais do que 15 minutos, porque senão a atenção deles vai para o que está acontecendo na empresa. Se o executivo de uma grande empresa recebe você dizendo que só tem 10 minutos para a reunião e você usa 20 minutos do tempo dele, suas chances de vender o que você pretende beiram a zero.

Eu adoro quando um vendedor, seja um novo autor, seja um empresário, seja um executivo começa uma reunião comigo e fala: “Roberto eu sei que seu tempo é importante e por isso vou ser breve”. Maravilhoso! Durante 15 minutos eu vou prestar atenção total e depois só avançamos se ele conquistar meu interesse.

Se você tem 15 minutos para falar em um evento e esticar o assunto para o dobro do tempo, provavelmente nunca mais será convidado novamente se abusar da plateia. Falar mais que o necessário é correr o risco de passar a imagem de alguém desfocado, inconveniente e sem consideração pelos outros.

O tempo custa caro e é negociado a peso de ouro. Quem não está acostumado a falar em público sempre pensa que necessita de muito tempo para expor sua apresentação e fica dando voltas para conquistar o público.

Observe um show ou uma peça de teatro. Depois de 75 minutos. Eles precisam ser muito espetaculares para não ficarem chatos. O mesmo acontece com as apresentações: elas têm de ser muito especiais para não ficarem chatas depois de 60 minutos.

Por isso, defina a reação que você quer provocar na plateia, organize sua mensagem, treine sua apresentação, calcule o tempo que você vai precisar e seja generoso com seu público. Falar de ideias fortes em pouco tempo é uma arte e mostra poder de síntese, domínio do assunto, propriedade e alto profissionalismo. Então, seja objetivo, concentre-se na sua mensagem e pense sempre em cortar tudo o que for excesso. Respeite o tempo de quem está ouvindo você.

4 | Cinco passos para fazer apresentações poderosas

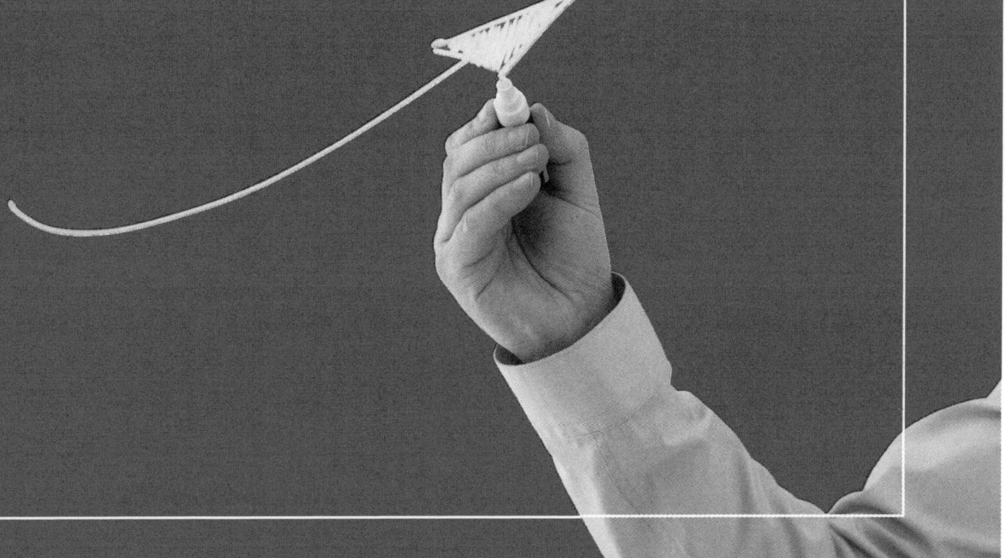

Se você quiser ter sucesso em suas apresentações, é fundamental seguir um método. O grande problema das pessoas quando vão fazer apresentações é que elas não têm muita clareza de seus objetivos, e por isso ficam dando voltas e não mostram ao público o que pretendem.

Quando sou convidado a falar em algum lugar, seja para milhares de pessoas, em um estádio de futebol, em um programa de rádio, ou mesmo para um jornalista, sempre pergunto qual é o objetivo da entrevista ou da palestra. A partir do objetivo, organizo minhas ideias usando um método que criei e que vou ensinar a você.

É um sistema que uso tanto, que hoje já ficou automatizado para mim, tão natural quanto dirigir um carro.

A palavra método significa caminho ou processo para atingir um determinado fim. Portanto, ela já pressupõe que você precisa estabelecer um objetivo e planejar quais ações precisa executar para atingi-lo.

Há alguns meses, eu conversava com o médico da minha família, doutor Antonio Carlos Lopes,

um dos maiores do Brasil, diretor da Escola Paulista de Medicina, presidente da Associação Brasileira de Clínica Médica e um dos profissionais que eu mais admiro. Suas apresentações são famosas no ambiente médico por sua profundidade e carisma. No meio de nossa conversa, ao falar que adorava dar palestras, ele me contou que tinha um método para organizá-las e falou desse sistema.

Apesar de nunca ter feito um curso para palestrantes, concluiu que, assim como usava um método para examinar seus pacientes, deveria usar um também para fazer suas palestras. Ele é um exemplo de que grandes palestrantes têm sempre um sistema para estruturar as próprias apresentações.

Usar um método é passar de amador para profissional. É ter coragem de dar um salto de qualidade mesmo que você já tenha um bom desempenho

Muitas pessoas acreditam que bons apresentadores já nascem com o dom da palavra e não precisam de mais nada além do talento. Isso até pode acontecer em alguns casos, mas eles são minoria. É necessário ter ideias sensacionais e talento para falar, mas isso não é suficiente, já que um dom sem um método acaba se dispersando. A boa notícia é que, mesmo que você não tenha facilidade natural para falar em público, pode dominar o método e fazer apresentações poderosas.

Por trás dos casos de sucesso, sempre há um modo estruturado e organizado de obter resultados. Veja quanto os campeões olímpicos planejam, treinam e competem sempre com a mesma estratégia. Os atores, cantores, cientistas, artistas plásticos bem-sucedidos também têm uma técnica por trás de sua performance e criatividade.

Usar um método é passar de amador para profissional. É ter coragem de dar um salto de qualidade mesmo que você já tenha um bom desempenho. Seu sucesso depende de você tomar a decisão pela excelência. E a maior vantagem do método para fazer apresentações é que você vai conseguir realizar todo o seu potencial, porque não vai desviar do foco.

Quero que você conheça o meu método, que criei e aperfeiçoei durante muitos anos em minha atividade como palestrante e autor. Com ele, ajudei muitos presidentes de empresas e orientei a formação de alguns dos melhores palestrantes profissionais do Brasil.

Tenho certeza de que esse método foi fundamental para garantir minha permanência até hoje no topo da lista dos melhores. Vou contar o que considero importante para você criar uma mensagem campeã, montar uma palestra poderosa e ser alguém capaz de influenciar as pessoas e motivá-las em suas apresentações.

O Método Shinyashiki

Esse método pode ser usado para fazer uma palestra, escrever um livro, redigir uma mensagem para sua equipe, construir uma campanha publicitária, conquistar um cliente, e até dar uma grande entrevista a jornalistas. Enfim, pode ser usado para transmitir qualquer tipo de informação, nos mais variados formatos.

Esse sistema, que tenho usado há mais de 30 anos em minhas apresentações, também funciona com os públicos mais diferentes. Já apliquei em congressos médicos, falando para atletas em vestiários de seleções brasileiras, em encontros religiosos, em eventos empresariais, e até em discursos, quando fui candidato a cargos em associações de classe.

Fui aperfeiçoando a mesma estrutura ao longo do tempo e hoje ela chegou à sua melhor versão. O método tem apenas cinco passos simples e definidos, que são:

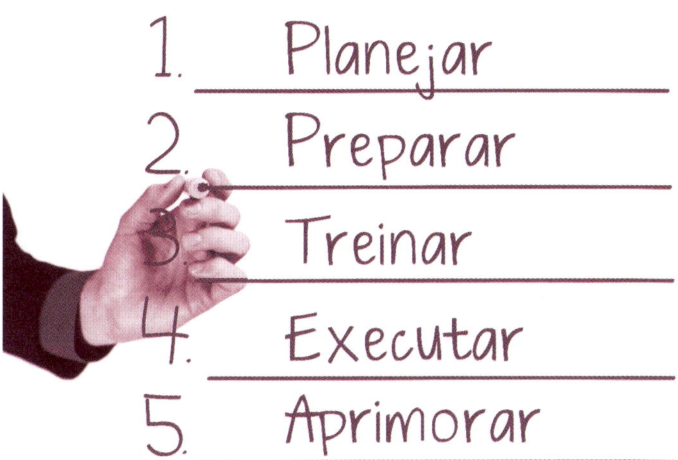

Quando lanço um livro novo, sei que as empresas vão me convidar para fazer palestras sobre ele. Então, antes do lançamento, preparo a palestra. Minha equipe do Instituto Gente já fica a postos para vendê-la, e eu já fico preparado para apresentá-la, como um ator que tem de estar pronto para a estreia de sua peça.

Uma palestra tem de ser poderosa e sensacional desde a primeira vez, pois não tenho o direito de fazer uma apenas razoável e simplesmente justificar dizendo que não ficou tão boa porque ela nunca havia sido feita antes. O mesmo processo acontece quando um empresário vai falar por 30 minutos na convenção anual da sua empresa, ou o diretor de marketing precisa apresentar um novo produto para seus clientes.

Mesmo sendo a primeira vez, tudo tem de estar perfeito e pronto, como a estreia de um grande espetáculo. Ela tem de ser excelente, como um impecável show do João Gilberto, que é um dos artistas mais cuidadosos que conheço, a gravação de um DVD ao vivo da Ivete Sangalo ou dos Titãs, ou um espetáculo do Cirque du Soleil, que também acontece com a máxima qualidade desde a estreia. É claro que há um aperfeiçoamento contínuo, mas o primeiro show tem de ser tão bem cuidado quanto o último. Assim como deve acontecer com suas apresentações.

Vou dar um exemplo, mostrando como usei meu método para construir a palestra do meu livro *Problemas? Oba!*

A primeira etapa é *planejar*. Nessa fase, procuro descobrir qual é o objetivo das empresas que querem me contratar para fazer essa palestra, ou seja, ter claro qual é o "objetivo do meu cliente" (como diz meu filho Arthur, sempre que temos uma conversa sobre algum projeto, ele quase que mecanicamente pergunta: "Qual é o objetivo do cliente? O que vai fazer o cliente feliz?").

Infelizmente, a maioria dos profissionais não tem sucesso porque elabora seu projeto sem se preocupar com o cliente. Se seu cliente não realizar o objetivo dele, provavelmente não comprará novamente seu produto ou serviço, e muito menos o indicará.

Então, procuro descobrir quais são os desejos dos meus futuros contratantes. No caso da palestra "*Problemas? Oba!*", descobri que era conseguir que sua equipe tivesse uma atitude positiva para resolver os problemas dos clientes e da empresa.

Uma vez determinado o objetivo, é a vez de *preparar* a apresentação, que é o passo 2 do meu método. Nessa fase, vou para o computador, organizar o que vou falar. Então, monto um roteiro, que chamo de estrutura da mensagem.

A estrutura da mensagem começa com um problema, oportunidade ou desafio. Isso significa que preciso determinar qual é o problema que vou ajuda meu cliente resolver com minha palestra, ou então qual é a oportunidade ou desafio que ajudarei meu cliente a vencer. No caso da palestra *"Problemas? Oba!"*, o problema resumidamente era: quando clientes não estão satisfeitos, eles não dão lucro para a empresa, a abandonam e ainda falam mal da companhia. Cliente infeliz dá prejuízo!

Depois, procuro ajudar o público a se identificar com o problema do qual estou falando, usando várias técnicas, como, por exemplo, dizendo para as pessoas: "Talvez, neste momento, sua empresa esteja perdendo clientes importantes porque ninguém tem procurado resolver seus problemas". Quando você acerta essa frase de identificação, as pessoas pensam: "Esse palestrante entende minhas dificuldades". Quando elas têm essa sensação, escutam com mais atenção.

A seguir, mostro as causas desse problema. No caso da palestra "*Problemas? Oba!*", a causa era que geralmente as pessoas se preocupam com seus próprios problemas e se esquecem de ver que seus resultados dependem de clientes felizes.

Depois, mostro minha solução, que é ter uma atitude proativa de comemorar por poder ajudar os clientes a resolverem os problemas deles. Afinal, ao resolvê-los, conseguirão clientes felizes, que terão prazer em dar seu dinheiro para sua empresa em troca de seus produtos.

Determine qual é o problema que você vai ajudar as pessoas a resolverem

Em seguida, mostro minha solução para o público conseguir ajudar seus clientes a resolverem os problemas deles, dividida em itens fáceis de serem aplicados. Depois, passo à parte da motivação da plateia, para que ela se sinta animada a agir, mostrando, no caso da palestra "Problemas? Oba!", as vantagens de ser a pessoa que resolve problemas e os bons resultados que isso traz.

Finalmente, organizo a conclusão da palestra como uma grande celebração, pelo sucesso que meu público vai alcançar, para que as pessoas sintam vontade de começar imediatamente a resolver problemas com grande disposição e a olhar os problemas como uma imensa oportunidade de crescer na carreira e ganhar muito dinheiro.

Depois desse roteiro pronto, começo a enriquecê-lo com casos, histórias, estatísticas, pesquisas, vídeos, fotos e todos os elementos que deixarão minha mensagem mais poderosa e eficiente. Aí começo a criação dos *slides*, até ter todo o material da apresentação pronto.

Quando o material está pronto, começo a *treinar*. Geralmente, inicio apresentando uma nova palestra para minha equipe. São pessoas que já conheço e que criticam com carinho, mostrando todos os pontos que devem ser melhorados. Então, vou aprimorando a apresentação a partir das sugestões delas.

Depois de mostrar algumas vezes à minha equipe, monto grupos de três pessoas que contratariam ou assistiriam a essa palestra, para receber *feedbacks*, e aproveito a presença delas para treinar mais a palestra. Até que chega o ponto em que considero a apresentação pronta.

Depois dessas fases de preparação e treinamento, minha equipe começa a vender essa palestra e passo para a fase de *executar*, que é sua realização propriamente. Vou a campo e dou a palestra muitas vezes, mas não paro por aí.

Com minhas observações das reações do público, com o estudo dos vídeos que gravo das minhas apresentações e com a análise dos comentários dos participantes, procuro sempre *aprimorar* a palestra. Portanto, uma palestra nunca está definitivamente pronta, já que sempre pode ser aperfeiçoada. E é preciso engolir o orgulho para olhar seus erros, aceitar as críticas construtivas e tirar uma lição delas. Aliás, várias lições. Nessa fase de testes e aprimoramento, não peça às pessoas aplausos, mas que sejam sinceras. Escolha as pessoas que realmente serão capazes de dar uma opinião verdadeira, sem ficar com medo de magoar você. Dê abertura para isso e se prepare para negativas. Só assim você vai conseguir chegar a uma apresentação espetacular.

Agora que você já tem uma ideia geral desse sistema, vamos aprofundar em cada uma dessas etapas e ajudar você a criar sua palestra. Se você achou complicado, preciso dizer que

ela na prática é muito simples e objetiva, e vai fazer você economizar tempo e energia, além de ajudar a aproveitar todas as oportunidades para realizar seu objetivo. Vamos trabalhar juntos!

5 Passo 1: Planejar

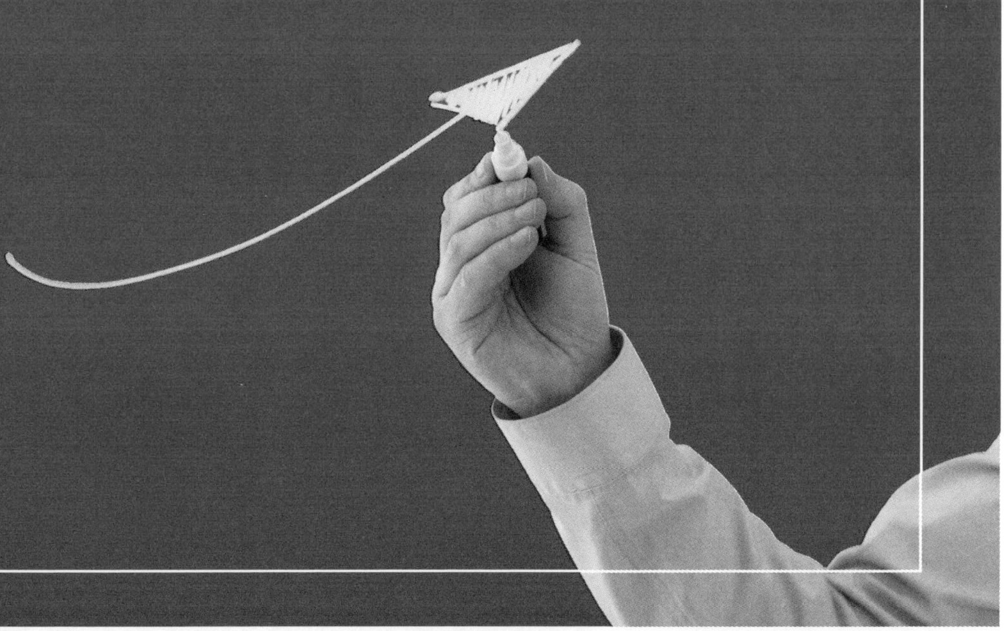

Planejar é definir o objetivo da sua apresentação e a maneira de atingi-lo.

Toda apresentação ou palestra precisa ter um objetivo determinado, pois ele é a razão de você ir falar com seu público.

Planejar é uma ação organizada, que permite a você determinar seu ponto de partida e de chegada, construir uma estratégia para fazer esse caminho, avaliar os rumos que podem ser tomados, estabelecer referenciais e definir a melhor maneira de executar todo o processo.

O momento do planejamento é aquele em que você vai pensar, deliberar, construir na sua mente algo que depois será colocado em prática.

Hoje, muitos palestrantes são líderes de equipes, e por isso precisam ter um objetivo claro. Se forem competentes em motivar seus liderados, eles vão segui-lo. Mas se um líder-palestrante não tiver um objetivo definido e mostrá-lo para seu grupo, pode até receber aplausos, mas seu time vai esquecer sua mensagem em algumas horas.

O objetivo de toda apresentação é sempre vender alguma coisa

Uma forma produtiva de definir o objetivo da sua palestra é se perguntar: o que eu quero vender com essa palestra?
Para efeitos práticos, sempre pense que você tem de vender alguma coisa com sua fala. Você pode vender uma ideia, um projeto, um produto, um serviço etc. Observe os temas comuns a muitas apresentações:

- Lançamento de um novo produto alimentício
- Implantação de um sistema de gestão da qualidade
- Apresentação das metas para o próximo ano
- Um serviço especial para telefonia móvel
- Uma ideia revolucionária no campo da tecnologia
- Um novo procedimento de cirurgia plástica
- Um projeto de um programa para a televisão
- Um *coaching* para orientação nutricional
- Uma campanha pública da secretaria da saúde.

No fundo, você tem de conseguir que seu público compre seu produto, ideia ou projeto. Quando o Comitê Olímpico Brasileiro (COB) montou um projeto para que o Rio de Janeiro fosse escolhido pelo Comitê Olímpico Internacional (COI) como a sede das Olimpíadas de 2016, ele precisou vender essa ideia. E foi por meio de uma apresentação poderosa que o Brasil conseguiu superar concorrentes fortes como Espanha, Japão e Estados Unidos.
Quando for planejar sua palestra e traçar seu objetivo com sua apresentação, pare e defina o que você quer vender. Essa venda será o centro de seu objetivo, que sempre terá embutida a ação que você espera que a audiência execute depois de ouvir você falar.
Quando o Steve Jobs fazia as apresentações de lançamento dos produtos da Apple, ele vendia a imagem de que seus produtos superavam de longe os dos concorrentes e com isso ajudava a vendê-los nas lojas.

Quando um médico fala de seu trabalho em uma reunião do Rotary Club, por exemplo, ele está vendendo sua imagem de competência. Se ele não consegue conquistar novos clientes, algo ficou faltando em sua apresentação.

Os tipos de apresentação

Na prática, ao planejar sua apresentação, você precisa considerar que existem dois tipos de apresentação:

As apresentações que você faz para realizar um objetivo seu

É o tipo da palestra organizada para você realizar sua própria meta. Você tem seu objetivo e vai falar para conseguir que as pessoas comprem sua ideia, projeto ou produto.

Aqui vão alguns exemplos desse tipo de palestra:

- Você quer conseguir um patrocínio para alguma ação sua e precisa apresentar argumentos.

- Você quer vender um produto ou um projeto para um cliente e tem de mostrar as vantagens.
- Você quer expor algo para sua equipe, dentro da empresa, e precisa conseguir que ela apoie você.
- Você quer que um paciente faça um tratamento com você, e precisa que ele confie em seu trabalho e o escolha.

Neste caso, a pergunta fundamental é: o que eu quero conseguir fazendo essa apresentação?

As apresentações que você faz para ajudar uma pessoa ou uma empresa a realizar o objetivo dela

É o tipo de apresentação na qual você vai convencer a pessoa ou empresa, ou seja, seu cliente, de que pode ajudá-lo a realizar o objetivo dele. Você vai precisar conhecê-lo muito bem para criar uma palestra que o ajude a realizar esse objetivo.
Esse tipo de palestra, em geral, acontece para um grupo de pessoas, mas em 50% das vezes você está no palco e nos outros 50% você está no escritório, dentro da empresa.
Alguns exemplos desse tipo de palestra:

- Você trabalha em um escritório de arquitetura que quer fechar um contrato com um grande banco e é chamado por um dos sócios para apresentar o projeto.
- Você é convidado pelo diretor de RH de uma empresa para fazer a abertura da semana da qualidade ou falar de segurança no trabalho.
- Você é um palestrante profissional e é contratado pelo diretor de marketing de uma multinacional para falar em uma convenção internacional da empresa.
- Você é um publicitário que vai mostrar uma campanha para um cliente e conseguir a nova conta para a sua agência.

Neste caso, a pergunta fundamental é: o que meu cliente (quem me contratou, chamou, convocou ou convidou para falar) quer conseguir com minha apresentação?

Defina seu tipo de apresentação

É importante identificar esses dois tipos de apresentação, porque as maneiras de construí-las têm diferenças significativas. Em ambos os casos, no entanto, o palestrante precisa estabelecer qual é o objetivo da apresentação que vai fazer.

No caso da palestra que você faz para realizar seu objetivo pessoal, você já sabe o que quer e vai procurar desenvolver uma palestra para conseguir essa meta. Por isso, precisa levantar as informações sobre como vender esse projeto ou produto, ou seja, criar uma maneira de falar para que seu cliente compre o que você tem para vender.

No caso das apresentações em que você ajuda o outro a realizar o objetivo dele, você tem de conhecer esse objetivo antes de fazer o projeto. Para isso, você precisa entender qual é a demanda dele e, a partir daí, planejar como a apresentação será feita para atingir essa meta.

Na minha vida profissional, passo pelas duas situações: faço apresentações para mim, com meus objetivos pessoais, como quando tenho de conseguir adesão aos meus projetos, e também faço palestras para terceiros, trabalhando para que meus contratantes atinjam suas metas empresariais.

Pare um minuto e analise: suas apresentações são para realizar seu objetivo ou para ajudar outros a realizarem os objetivos deles? Reflita sobre essa questão em profundidade, porque essa resposta vai definir seu processo de criar sua palestra.

Qual é seu tipo de apresentação?

Analise qual é o objetivo da sua palestra:

- Vender meu produto, projeto, serviço ou ideia
- Ajudar meu cliente ou a empresa em que trabalho a realizar seu objetivo

Agora que você já descobriu se sua palestra vende seu peixe ou vai ajudar alguém a vender o peixe dele, vamos ver como estruturar essa apresentação.

Planejamento de apresentações que você faz para realizar seu objetivo

Esse é o tipo de palestra em que o interessado principal no resultado da apresentação é você. Ou seja, o interesse de realizar o objetivo é todo seu.

Em geral, você quer levar seu público a comprar suas ideias, produtos ou serviços. Exemplos de apresentações que se faz para atingir um objetivo pessoal:

- Um técnico está vendendo um serviço e quer convencer um cliente de que a opção dele é a melhor do mercado.
- Um líder que precisa apresentar mudanças solicitadas pela diretoria e contar com o comprometimento de seu time.
- Um jovem precisa convencer um investidor a apoiá-lo em seu projeto de e-commerce para uma *startup*.
- Um dentista quer que seu paciente perceba que precisa fazer implantes e iniciar imediatamente o tratamento com ele.
- Um político quer apresentar seu plano de governo, para que os eleitores votem nele.
- Um gerente quer apresentar bem as metas do ano seguinte, para que toda a equipe se sinta motivada a trabalhar forte para atingi-las.
- Um professor de educação física quer vender seus serviços de *personal trainer* para seus alunos.
- Uma arquiteta quer apresentar bem seu projeto, para que o cliente assine um contrato com ela.
- Um vendedor quer apresentar bem seu produto, para que os clientes mandem seus pedidos até que se esgotem os estoques da sua empresa.

Observe que essas apresentações são rotineiras e quase 90% dessas apresentações não acontecem em um palco ou em um auditório, formalmente, e sim nos escritórios, nas salas de reuniões, nos consultórios, nos almoços de negócios, nos telefonemas, nas teleconferências e até nas salas das casas. Apenas uma minoria ocorre diante de um grande grupo de pessoas, com o formato tradicional de palco e plateia.

Reúna as informações importantes

Agora que você já tem seu objetivo definido, vou ajudá-lo a construir sua apresentação poderosa.

O primeiro passo é descobrir as informações fundamentais para fazer uma boa argumentação e vender suas ideias. Tenha sempre claro que, toda vez que for vender alguma coisa, o possível cliente terá argumentos contrários aos que você apresentar. Portanto, você tem de estar preparado para os questionamentos que vão surgir e, de preferência, já colocá-los em sua apresentação.

Por isso, você precisa conhecer seus pontos fortes, fraquezas, oportunidades e perigos.

No mundo da estratégia, chamamos isso de análise SWOT, palavra formada pelas iniciais em inglês de pontos fortes (***S****trengths*), pontos fracos (***W****eaknesses*), oportunidades (***O****pportunities*) e ameaças (***T****hreats*). É utilizada para fazer análise de cenários e base para planejamentos estratégicos. Com ela, você pode conhecer suas forças, fraquezas, oportunidades e ameaças.

Antes de montar a sua apresentação, escreva todos os itens que fazem parte de cada ponto.

Importante: escreva! Se você olhar esses itens vai ficar muito mais fácil planejar cada apresentação.
Vou dar um exemplo. Vamos supor que você é jovem e que acabou de abrir uma empresa de tecnologia que faz marketing na internet, com foco nas redes sociais (a tão falada "*startup*"), e que vai participar de uma concorrência para atender uma grande companhia multinacional que quer melhorar seu marketing digital.
Você vai fazer uma apresentação para convencer essa companhia a contratar sua empresa. Então, precisa saber seus pontos fortes, fracos, ameaças e oportunidades para montar sua argumentação e defender seu produto. Sua análise seria a seguinte:

- PONTOS FORTES: você é jovem, conhece muito sobre mercado digital e internet, é arrojado, antenado com as novas tecnologias, recursos, tendência de mercado e comportamento do público, já que está acostumado com o ambiente web e já tem experiência com isso. Sua empresa é ágil, e seu atendimento pode ser pronto e com flexibilidade.
- PONTOS FRACOS: você não tem tanta experiência ou nome no mercado, e sua juventude pode inspirar pouca maturidade ou inexperiência de trabalho.
- OPORTUNIDADES: ganhar uma conta enorme, em uma área em que você tem muito conhecimento, e alavancar seu negócio com um grande cliente.
- AMEAÇAS: perder a concorrência para empresas mais antigas e tradicionais, maiores e mais estabelecidas no mercado, e que no imaginário do cliente podem ser mais experientes.

Seus argumentos têm de ajudar você a fechar o contrato para sua empresa usando seus pontos fortes e se defendendo dos argumentos relativos aos seus pontos fracos.
Você precisa mostrar que, por ter uma empresa jovem, você não tem os vícios das empresas consolidadas, está antenado com as tendências e os recursos tecnológicos mais modernos

e pode trazer a inovação que a companhia deseja (valorizando seus pontos fortes e oportunidades).

Deve também dizer que isso não é tão fácil para quem é mais antigo e tradicional, que precisa, antes de atender os clientes, adaptar-se às novas maneiras de fazer marketing digital, o que é mais difícil para empresas acostumadas a trabalhar tradicionalmente (minimizando seus pontos fracos e ameaças).

"Roberto, mas e se eu sou o gerente comercial de uma empresa antiga e consolidada no mercado?"

Então você vai ter de minimizar os riscos do seu cliente, mostrando que ele precisa de uma empresa sólida no mercado que não vai deixá-lo na mão pois tem muita experiência para saber exatamente o que precisa fazer. Ao mesmo tempo que mostra os seus pontos fortes, mostra os pontos fracos dos concorrentes.

Para construir essa argumentação, você precisa estar muito bem informado. Faça esse estudo considerando os seguintes aspectos:

Seus argumentos têm de ajudar você a fechar o contrato para sua empresa usando seus pontos fortes e se defendendo dos argumentos relativos aos seus pontos fracos

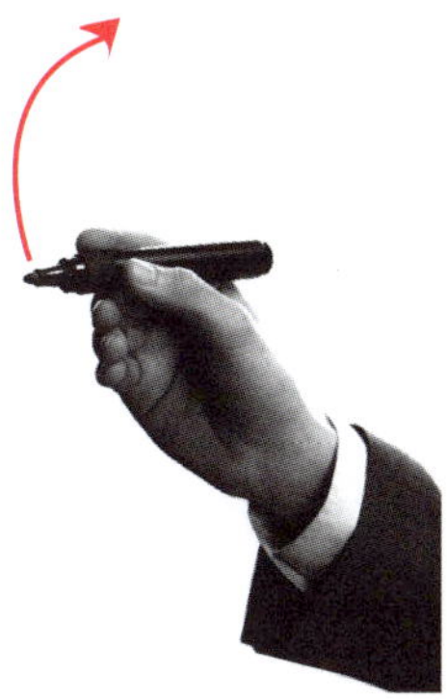

1. Conheça o setor
2. Conheça suas ameaças e oportunidades
3. Conheça os concorrentes
4. Conheça os clientes

O setor é a área ou mercado em que você atua. Você precisa entender como ele está, o que está acontecendo, quais são suas peculiaridades e como ele está no local em que você atua. Para isso, faça pesquisas, levante dados, busque informações, tenha sempre curiosidade para saber e dizer mais a respeito ao seu público. Leia sobre o tema e faça pesquisas. Não tenha medo de mergulhar no assunto.

A seguir, precisa entender quais são as ameaças e oportunidades para você nesse cenário, como as coisas se comportam e o que tem ocorrido. Também é necessário aqui estar ligado nos acontecimentos, para poder ler corretamente as informações da área.

Depois, você precisa saber quem são seus concorrentes, e quais são os pontos fortes e fracos deles, para fazer uma comparação e entender onde você está frente a eles. Estude-os, procure dados e fatos que ajudem você nessa análise. Finalmente, precisa conhecer seus clientes ou clientes em potencial, ou seja, seu público-alvo, e descobrir suas expectativas e problemas. Costumo dizer que eles são os "gênios do marketing".

Quem são os gênios do marketing?

São as pessoas que abrem a carteira e dão seu dinheiro ou cartão de crédito para comprar o que você vende para elas. Se você vai montar um SPA urbano e quer saber se é melhor construí-lo no centro da cidade, onde fica mais perto dos clientes, ou em um bairro retirado, mas perto do campo, é fundamental perguntar isso para quem vai comprar de você, ou seja, os gênios do marketing, seu público.

Adianta muito pouco perguntar para sua esposa ou marido. A menos que ela ou ele façam parte do grupo que vai comprar o que você vai vender, não são as pessoas adequadas para dar informações.

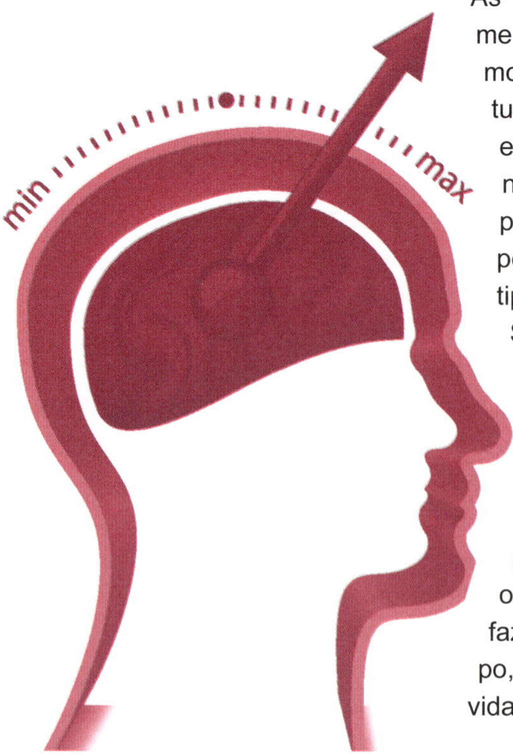

Às vezes, meus alunos-palestrantes me perguntam o que eu acho de eles montarem uma palestra sobre espiritualidade na empresa. Eu falo para eles, brincando, que não sou o gênio do marketing, porque não compro esse produto. Eles precisam perguntar para quem contrata esse tipo de palestra.

Se você não encontrar ninguém que queira o que você tem a oferecer, é melhor não fazer isso agora. Talvez no futuro haja mercado, mas não quando você não encontra clientes. Portanto, pergunte para quem compra e vai ouvir sua apresentação. Isso vai fazer você economizar muito tempo, noites de sono e dinheiro em sua vida.

Quando você não faz isso, aumenta muito a chance de errar. Há alguns anos, como presidente da minha editora, sugeri que deveríamos publicar livros sobre corrida, de esporte. Os argumentos eram que o número de corredores aumenta a cada dia, as revistas de corrida têm muito sucesso, os sites de corrida e de corredores crescem com muita força. Na minha cabeça, não havia erro. Conversei com alguns especialistas em corrida que me estimularam a avançar. Minha certeza era tanta que compramos os direitos de publicação no Brasil dos grandes livros do gênero.

Na vida, só há uma coisa pior do que estar no caminho errado: é estar no caminho errado com certeza. Lançamos vários livros ao mesmo tempo, contrariando a regra de testar antes com alguns poucos e depois lançar mais. O resultado foi que os livros começaram a encalhar nas livrarias e a voltar para nosso estoque.

Na vida, só há uma coisa pior do que estar no caminho errado: é estar no caminho errado com certeza

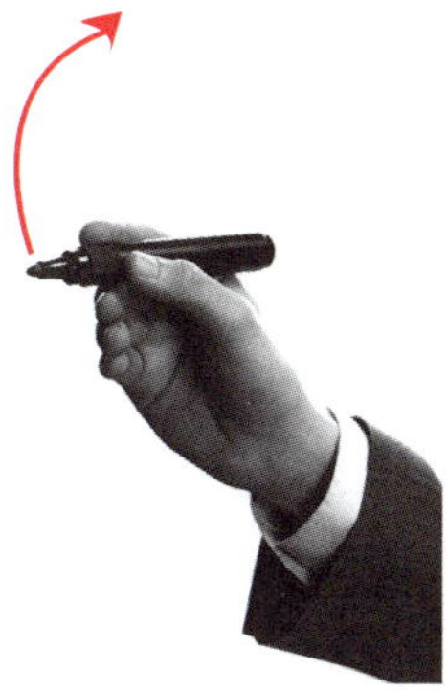

Quando vimos o fracasso, fomos conversar com os gênios do marketing, ou seja, com os corredores, e descobrimos que eles adoram correr, mas não têm vontade de ler livros de cor--rida. Se tivéssemos consultado os gênios do marketing, teríamos evitado não só o prejuízo, mas também as noites de insônia procurando ideias para vender o que nossos clientes não queriam comprar.

Você pode consultar os gênios do marketing de diversas maneiras, presenciais ou não, inclusive usando a internet e as redes sociais. Descubra quem são os gênios do marketing da sua apresentação ou palestra e pergunte a eles quais são os problemas deles, as queixas, as expectativas, dificuldades, necessidades e vontades, e entenda como ajudá-los com sua apresentação.

Vamos ver um exemplo: imagine que você é um corretor de imóveis que tem como objetivo vender um terreno para um grupo de investidores e precisa fazer uma apresentação para isso.

Você precisa entender como anda o setor de terrenos na sua região, se há mais oferta ou procura, quanto está valendo o metro quadrado etc. Depois, precisa saber quais são as ameaças e oportunidades nessa venda, ou seja, se há muitos

concorrentes, se os investidores estão dispostos a pagar muito ou pouco, se é possível conseguir lugares excelentes a bons preços etc.

A seguir, estude seus concorrentes, os negócios de outros corretores de imóveis, como eles prospectam, como conseguem chegar antes, seus pontos fortes e fracos e suas vantagens em relação a eles. Finalmente, tente levantar, com alguém do grupo de investidores, quais são suas expectativas, o que eles buscam com essa compra etc.

De posse de todas essas informações, você pode montar estratégias e argumentos para estruturar sua palestra da melhor maneira possível. No próximo capítulo, vou mostrar como organizar seu discurso de um modo poderoso usando todas essas informações.

Quando a apresentação é feita para um cliente, como no caso de pacientes de terapeutas, médicos ou dentistas, é claro que parte das informações só será levantada um pouco antes de você iniciar sua fala, já que cada caso será um caso, e cada pessoa diferente da outra, e você precisará personalizar seu discurso.

Mas você precisa ter sua apresentação preparada anteriormente para, na hora de falar, apenas repetir a mesma palestra adaptando o discurso para aquele cliente específico que você está atendendo.

Planejamento de apresentações que você faz para ajudar uma pessoa ou empresa a realizar o objetivo dela

Quando uma empresa, uma organização, uma instituição, ou até outra pessoa o convida, convoca ou contrata para apresentar uma palestra, em geral eles têm um objetivo, que você precisa saber qual é. Se eles não sabem qual é o objetivo, você precisa ajudá-los a descobrir ou estabelecê-lo. Mas o importante é saber qual é o propósito que eles têm para poder ajudá-los.

Um grande banco brasileiro me contratou há muitos anos para que eu fizesse palestras com o objetivo de maximizar seus lucros. Há pouco tempo, pediram que eu fizesse mais um ciclo de palestras, só que dessa vez para ajudá-los a criar uma atitude em seus gerentes para que eles resolvessem os problemas dos seus clientes. O vice-presidente do banco ainda me pediu: "Por favor, não fale em lucros, porque eles já sabem como fazer isso. Agora, o momento é o de criar clientes mais felizes".

Era a mesma empresa, o mesmo executivo, a mesma equipe, mas um momento diferente. Se eu não conversasse com eles antes, certamente faria uma palestra desconectada dos objetivos do cliente.

Alguns exemplos de apresentações que você faz para ajudar outros a atingirem objetivos deles:

- Você é médico e um hospital o convida para falar sobre a humanização no atendimento.
- Você é executivo e outro departamento da empresa em que você trabalha convida-o para falar do plano estratégico.
- Uma escola convida-o para dar um depoimento sobre educação dos seus filhos.
- Você é um famoso arquiteto e uma construtora convida-o para falar aos seus clientes sobre as novas tendências de decoração.

- Você é um *chef* de cozinha e foi convidado para fazer uma apresentação para os principais jornalistas brasileiros de gastronomia sobre as tendências da culinária nacional.
- Você é um especialista em finanças e é convidado pelo governo falar em um fórum mundial representando o Brasil.
- Você é um advogado e é convidado para falar em uma empresa sobre direitos do consumidor

Não venda os seus produtos em palestras dos outros!

É importante observar uma questão delicada: você não pode cair na tentação de seguir seus objetivos pessoais e não o objetivo de quem encomendou a palestra.
Um exemplo: se um prefeito é convidado para fazer um discurso em prol da campanha do candidato a governador. Ele não pode usar o tempo falando de si mesmo. Tem de manter o foco no colega em questão. Sua apresentação deve estar alinhada com o que partido quer.
Se ele aproveitar a oportunidade para falar de seus feitos à frente da prefeitura, sua palestra não vai produzir o resultado desejado. Imagine o que vai acontecer quando ele for pedir para o atual candidato para ajudá-lo em uma próxima eleição.
Se um arquiteto é convidado por uma construtora para falar sobre tendências de decoração, e falar o tempo todo de seu próprio trabalho em vez de ajudar a construtora a vender seus apartamentos, a apresentação será um desastre.
Em uma apresentação de 30 minutos, você até pode falar uns dois minutos sobre seu trabalho, mas não mais do que isso.

Como organizar sua apresentação

Na construção da estratégia de apresentações poderosas, o ponto mais importante é conhecer o objetivo do seu cliente, isto é, o que ele espera obter com ela. Geralmente, um objetivo nasce de desejos, ameaças, desafios, oportunidades e problemas que fazem parte do dia a dia do seu cliente.

Então, antes de preparar sua palestra, você vai ter de conhecer as informações fundamentais que traduzam a situação da empresa e os detalhes desse evento. Eis aqui um roteiro dos pontos que você deve conhecer:

1. Qual é o desafio, oportunidade ou problema do público-alvo ou cliente
2. Histórico do público ou cliente
3. Qual é o público-alvo
4. Condições da apresentação
5. Limitações: de tempo, verba, problemas da empresa, do público etc.
6. Contexto da apresentação

Quando você recebe um convite para fazer uma palestra, certamente isso faz parte de uma estratégia maior de quem o convidou ou contratou. Por isso, existe a necessidade de conhecer qual é esse contexto em detalhes, o objetivo dessa pessoa ou empresa.

Quando estiver levantando as informações, faça pesquisas sobre seu contratante, ou sobre a empresa para a qual você está trabalhando, e pergunte diretamente o que ele quer que a plateia faça quando você terminar sua apresentação.

É muito importante lembrar que o objetivo da palestra sempre deve estar ligado a uma ação que você espera que a audiência desempenhe, depois de ouvir o que você tem a dizer.

Procure anotar o máximo de informações que conseguir para entender o universo da palestra que você precisa fazer:

- Se você é funcionário de uma empresa e vai fazer uma apresentação interna a pedido de seu chefe, use algum tempo conversando com ele para saber o que ele pretende que você diga e o que espera como resultado da sua apresentação.
- Se você é um empresário que foi convidado para falar em um evento, procure levantar as informações com seu contato no evento.
- Se você é um palestrante profissional, principalmente, levante informações com seu contratante com o máximo de detalhes.

Se você não tem como capturar todos os dados necessários, procure reunir o máximo de informações que conseguir, e faça uma boa pesquisa na internet, nos sites disponíveis e nas menções que se fez da empresa, companhia ou organização, ou das pessoas envolvidas.

Nunca, porém, vá simplesmente pelo seu *feeling*, pelo "achismo", ou pela confiança de ser um *showman* ou uma *show-woman*. Faça questão de entender qual é seu papel no contexto. Isso mostra profissionalismo e gera resultados muito mais potentes e desejáveis.

Um bom exemplo disso aconteceu com um executivo amigo meu. Foi solicitado a ele que fizesse uma apresentação na empresa em que trabalhava. Estas foram as informações que ele reuniu para poder planejar sua apresentação:

- Foi pedido a ele que apresentasse a área que estava sob seu comando, que no caso era a de vendas.
- A palestra seria dentro da empresa e para um público seleto (e que detinha todo o poder de decisão do futuro da empresa), ou seja, os principais diretores e o conselho administrativo.
- Ele teria apenas 20 minutos para expor suas ideias.
- Ele precisava apresentar os resultados que vinham obtendo e quais eram seus planos para atingir as metas futuras.

- Como a empresa não andava bem nos negócios, ele deveria dar a má notícia, porém apresentar também uma estratégia para reverter esse quadro.
- Seu desafio era fazer uma apresentação convincente o bastante para fazer com que todos acreditassem em seu projeto e em sua capacidade de promover uma transformação positiva no setor de vendas.

Meu amigo descobriu o que era essencial para construir sua palestra. Esses dados foram importantíssimos para que ele desenvolvesse uma mensagem poderosa e pudesse atingir os objetivos da empresa.

"Mas, Roberto, como é que eu uso todos esses dados?" Minha sugestão: a partir do estudo que você faz das informações, rascunhe esse objetivo junto com a pessoa que o convidou ou contratou. Assim, terá certeza de que entendeu mesmo o caminho a seguir e não cairá no risco de seguir uma linha equivocada e ter de ficar se desculpando depois com a famosa frase: "Mas eu pensei que...".

No momento seguinte, na fase de preparação da sua fala, faça uma revisão dessas anotações, ajuste o que for necessário, traçando um plano completo para a sua palestra e enviando-o para o contratante. Peça para que ele aprove esse documento que formaliza sua proposta de trabalho. Isso garante mais uma vez que vocês estão alinhados. E, inclusive, ajuda você a ter mais segurança para encarar a plateia.

Deixe totalmente definido para ele que você está ciente do objetivo para o qual está sendo chamado. Você precisa se assegurar de que entendeu exatamente qual é seu papel na apresentação.

Quando vou fazer uma palestra em uma empresa eu sempre mostro os meus *slides* para o coordenador do evento e falo sobre a palestra em 5 minutos, assim consigo ter os seus comentários para fazer um trabalho melhor.

Várias vezes esse diretor pede que eu retire *slides* e não toque nesse tema ou o contrario sugere que eu aborde temas que não achei que precisava abordar.

6 | Passo 2: Preparar

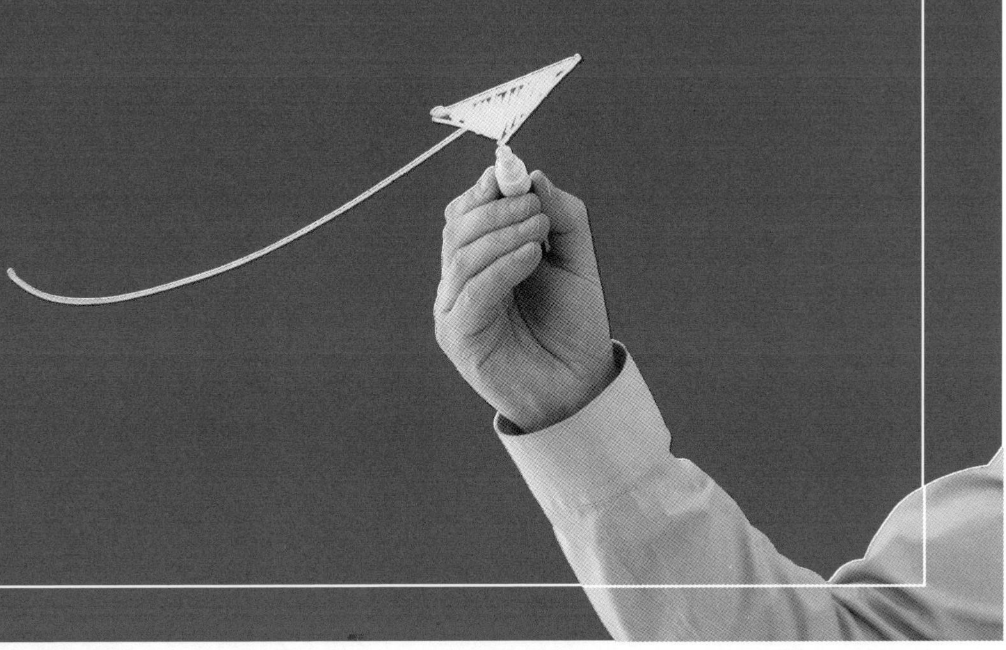

Agora que você definiu o objetivo da sua palestra, é hora de prepará-la com carinho e muito cuidado.

Para mim, tanto faz se a palestra que vou dar seja uma que já estou habituado a fazer ou se é inédita: sempre me dedico à preparação de cada detalhe, pois uma apresentação bem preparada já tem 50% de chance de ser bem-sucedida.

Apesar de 90% das minhas palestras serem as que faço habitualmente ("A revolução dos campeões", "Liderança em tempos de mudanças", "Vendas: negócios de campeões" e "Problemas? Oba!"), e de elas já estarem bem preparadas, procuro sempre dar a elas um toque personalizado para cada evento.

Esse é o procedimento que recomendo muito para todos aqueles profissionais que precisam fazer uma apresentação de qualidade.

Como preparar sua apresentação

A partir do objetivo da apresentação, começo a organizar minhas ideias para atingi-lo. Vou dar dois exemplos:

Exemplo 1: Um diretor de um banco me pede para que eu o ajude a fazer sua equipe entender que todas as operações precisam dar lucro. Então, preparo a mensagem de maneira tal que, depois de assistir à minha palestra, a equipe do banco tenha uma atitude de buscar o lucro em tudo.

A mensagem que você estruturar vai convencer o público da importância do objetivo a ser atingido, usando para isso o conteúdo que você vai organizar

Exemplo 2: Um diretor de outro banco me pede para que eu ajude seus gerentes a entenderem que todos, banco e clientes, têm de ganhar. Isso, para muitos deles, é uma mudança de pensamento imensa, já que estão acostumados a pensar somente na sua carreira e nos ganhos do banco, e não no lucro do cliente. Então, me organizo para fazer uma apresentação que motive a equipe a criar negócios em que todos ganhem.

Observe que ambas são palestras para bancos. É possível que ambos os diretores escolham a mesma palestra, "A revolução dos campeões", mas os objetivos são diferentes e, por isso, as apresentações serão diferentes.

Para preparar uma apresentação, há três passos fundamentais, sem os quais será difícil realizar seu objetivo:

- Montar a estrutura da mensagem.
- Organizar o conteúdo, ou seja, obter as informações relevantes para as pessoas.
- Adicionar efeitos para turbinar a apresentação.

Em resumo: a mensagem que você estruturar vai convencer o público da importância do objetivo a ser atingido, usando para isso o conteúdo que você vai organizar; e os recursos motivacionais servirão para turbinar sua apresentação e envolver a plateia com a energia certa, para que ela se sinta inspirada a realizar o que você propôs.

Como montar a estrutura da mensagem

Em geral, os palestrantes sabem o que querem passar para as pessoas, mas não têm ideia de como estruturar o que precisa ser dito. E acabam falando sem dar uma sequência lógica aos seus conceitos.

Uso um sistema que chamo de **estrutura da mensagem**, e que desenvolvi a partir dos meus estudos de best-sellers e de grandes palestras. Percebi que todos eles seguem um padrão estrutural, que serve para ambas as coisas. Por exemplo, quando você lê o livro *Inteligência emocional* e assiste à palestra com seu autor, Daniel Goleman, descobre que ambos seguem uma mesma estrutura. Neste capitulo, vou citar como exemplo a estrutura da mensagem de alguns livros, porque, na verdade, ela é a mesma usada nas grandes palestras de seus autores. Você vai poder aplicar essa estrutura em sua palestra e também em seus artigos, livros e entrevistas. Hoje, quando estou em uma cidade para algum evento e o pessoal da produção me pede para dar uma entrevista, uso a estrutura da mensagem. Pergunto qual é o tema, peço alguns minutos para me preparar, escrevo as frases que vou dizer de uma forma estruturada, e já fico pronto para ser entrevistado.

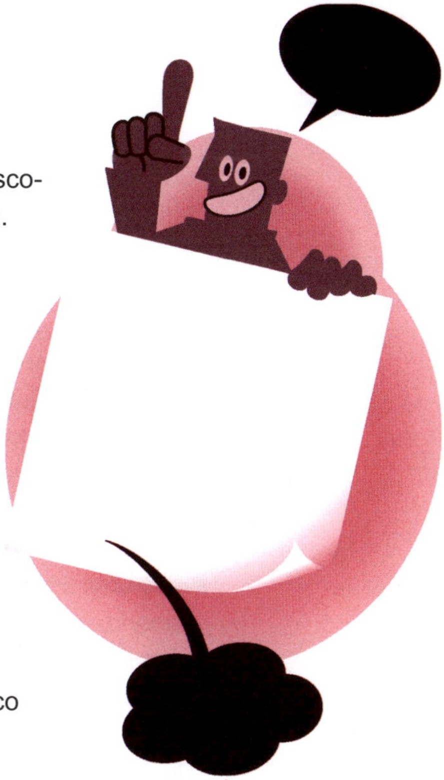

Muitas maneiras de organizar conteúdo

Minha estrutura da mensagem não é única. Existem muitas maneiras de organizar conteúdo e uma das mais comuns é a usada normalmente pelos palestrantes norte-americanos, que tem três pontos básicos:

- Fale sobre o que você vai falar.
- Fale sobre o que você disse que ia falar.
- Fale sobre o que você acabou de falar.

Isso significa o seguinte: o palestrante começa a apresentação falando sobre o que vai abordar, por exemplo, a crise econômica que assola um determinado país, e faz isso na primeira parte da palestra. Na segunda parte, ele apresenta suas ideias e soluções para essa crise. Na terceira parte, ele resume o que falou sobre a crise e conclui a apresentação.
Essa estrutura é interessante, mas não tem muita força para convencer o cliente a comprar o que está sendo vendido, pois serve para apresentar ideias, mas não se propõe a vender nada.

Quando estudamos os grandes apresentadores, percebemos que eles seguem uma estrutura de mensagem que leva a palestra em um crescendo até o ponto em que o público fica motivado a agir.

Vou dar um exemplo de como isso funciona na prática, mostrando como organizei a estrutura da mensagem deste livro, que é a mesma estrutura do seminário "Os segredos dos palestrantes campeões", assim como a de todos os artigos que escreverei ou das entrevistas que farei sobre esse tema.

Se você observar o roteiro deste livro, vai perceber a forma como estruturei este texto, que é a seguinte: primeiro, desenvolvi uma *ideia central* para este livro e cheguei a isto: *Todos dependemos de nossas apresentações para turbinar nossa carreira*. Então, levo os leitores a pensar: "É verdade. Todo mundo faz apresentações todos os dias, e muitos perdem grandes oportunidades por não saber falar em público".

Depois que as pessoas ficam convencidas de que essa situação é um problema na carreira ou nos negócios delas, passo para a próxima etapa, que é ajudá-las a se *identificar com esse problema*. Na estrutura deste livro, convido o leitor a perceber o prejuízo que é para um profissional não saber fazer apresentações poderosas e o chamo a pensar que isso também deve estar acontecendo com ele.

Em geral, uso a palavra *provavelmente*: "Provavelmente, nesta semana, você perdeu um negócio importantíssimo para sua empresa porque não fez uma apresentação poderosa" ou "Provavelmente, este mês você perdeu uma oportunidade única na sua carreira porque não falou bem na convenção da sua empresa".

Também emprego a palavra *talvez*: "Talvez, hoje, você esteja frustrado por não ter conseguido vender seu projeto para um cliente, por não o haver apresentado de maneira convincente".

Ajudar a plateia a sentir o que está perdendo por causa desse problema é o que vai despertar nela a sensação de que o palestrante entende sua dificuldade. Nesse momento, o público pensa: "É verdade, eu faço apresentações todos os dias e tenho perdido oportunidades por não saber falar! Como posso fazer apresentações vendedoras? Como posso empolgar as pessoas? Como eu mudo essa situação?".

Quando uma pessoa assume que uma dificuldade a está atrapalhando, seu cérebro imediatamente procura uma solução. Aí, claro, você dá a *sua solução* para o problema. No caso deste livro, a solução é o *Método Shinyashiki* (planejar, preparar, treinar, executar e aprimorar).

Uma vez que o público entendeu seu sistema, ótimo! Agora você precisa *motivá-lo a aplicar suas ideias* na vida e na profissão. Por isso, vai usar palavras motivadoras para incentivá-lo a agir.

Ao terminar, você vai deixar uma mensagem de vida para o público se sentir feliz. Essa é a chamada fase da *conclusão*, ou *a celebração*.

Agora que você já tem uma ideia de como funciona esse sistema, vamos aprofundar os conceitos para você estruturar sua palestra. Ele tem dois componentes principais:

Uma ideia genial é aquela "sacada", é algo que faz as pessoas ficarem admiradas, pois em geral ela é simples, mas muito poderosa

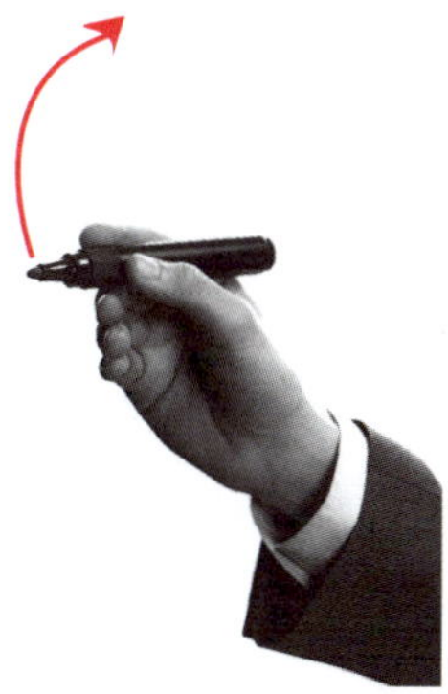

- Definir a ideia central do texto.
- Montar a estrutura da mensagem, que consiste em sete itens:

    1. O problema a ser resolvido
    2. A identificação do público com esse problema
    3. A causa do problema
    4. A sua solução
    5. Os passos da sua solução (seu método)
    6. A motivação para a ação
    7. A celebração

A ideia central

O primeiro passo para criar uma boa estrutura da mensagem é encontrar a ideia central daquilo que você vai dizer. A ideia central é a essência da sua palestra, é a síntese máxima do que você quer transmitir.

Uma ideia central será tanto mais poderosa quanto mais genial ela for. Uma ideia genial é aquela "sacada", é algo que faz as pessoas ficarem admiradas, pois em geral ela é simples, mas muito poderosa, e nos faz pensar: "Puxa, como não pensei nisso antes?".

Quando o livro *Inteligência emocional,* do Daniel Goleman, foi lançado, muitas pessoas do mundo da psicologia ficaram morrendo de inveja, por não terem tido essa ideia antes. Muitos psicólogos até já falavam da importância de saber utilizar as emoções para conseguir resultados, mas foi o Goleman que criou e desenvolveu essa ideia genial.

A ideia central da sua palestra tem de ser diferente, criativa e, principalmente, despertar a curiosidade do seu público, sendo inteligente, com um enfoque original e inusitado de abordar um assunto. É aquele algo a mais que você viu e que ninguém viu ainda ou nem falou da maneira como você resolveu falar.

Por exemplo, um dos meus livros de maior sucesso chama-se *O sucesso é ser feliz*. Seu título representa a ideia central, baseada na frase "O sucesso sem felicidade é a pior forma de fracasso". Muitas pessoas falavam sobre sucesso, enquanto outras falavam sobre felicidade, mas coloquei um enfoque diferente, que deu uma energia superespecial tanto para a palestra quanto para o livro.

Um dos motivos de várias apresentações não funcionarem é que elas não têm uma ideia central forte o suficiente. O palestrante trabalha apenas em cima de um tema. Se você lhe perguntar sobre o que ele vai falar, ele vai responder algo genérico, como: "Vou falar sobre astrologia". Só que milhares de pessoas falam sobre astrologia! E isso, por si só, não torna uma palestra especial.

A pergunta a ser respondida é: "Por que sua palestra é especial?". Por exemplo, se você vai falar sobre "como usar a astrologia para ser mais feliz no seu casamento", sua palestra se torna especial. Quantos astrólogos você conhece que falam sobre essa ideia?

Essa é a diferença entre trabalhar com um tema e trabalhar com uma ideia central. Por isso, tome muito cuidado para não confundir as duas coisas. Elas são bem diferentes:

- **Tema**: é o assunto genérico, que não torna você um palestrante especial. Exemplos de temas: finanças, motivação, astrologia, saúde, política, sexualidade, amor, filhos, liderança etc. A maioria das apresentações tem um tema, mas ele por si só não comove a plateia, pois é muito geral e vago. Se alguém diz que vai fazer uma palestra sobre finanças, engenharia ou preparação física, por exemplo, você vai ver que muitas pessoas nem sequer vão se motivar a assistir a palestra.

- **Ideia central:** é uma ideia especial, que você criou para tornar sua palestra excepcional. É o fio condutor das suas ideias, com o objetivo de provocar uma reação no seu público e fazer com que ele queira saber mais sobre o que você vai falar. Exemplos de ideia central: "Mulheres ousadas têm salários mais altos" ou "Ter uma atitude positiva frente aos erros faz você lucrar mais".

- **Ideia genial:** é uma ideia central com uma "grande sacada". Por exemplo, dentro do tema finanças pessoais, o conhecido autor norte-americano Robert Kiyosaki escreveu um livro chamado *Pai rico, pai pobre*. Sua ideia é genial: "A diferença entre as pessoas ricas e as pessoas pobres é a maneira de pensar". Simples e poderosa, e por isso fez tanto sucesso.

Vamos ver um exemplo nacional: *O sucesso não ocorre por acaso*. Observe que o autor, Lair Ribeiro, aborda um tema muito antigo, que é: *todos têm de trabalhar muito para ter sucesso*. O tema é antigo e óbvio, mas ele criou uma ideia sensacional, que alavancou sua carreira até se tornar capa das principais revistas do país. Se o livro fosse *Trabalhe muito e ganhe dinheiro*, imagine se alguém iria convidá-lo para ser entrevistado nos grandes programas de televisão...

A ideia central da sua palestra tem de ser diferente, criativa e, principalmente, despertar a curiosidade do seu público, sendo inteligente, com um enfoque original e inusitado de abordar um assunto

Se você quer ser bem-sucedido, não comece a preparar uma apresentação antes de ter a ideia central bem clara na sua mente

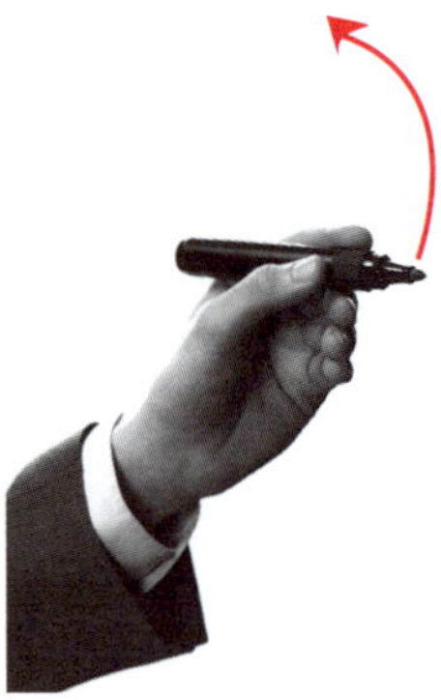

Um tema não conquista a plateia, mas a ideia central sim. E se ela for genial, pode criar verdadeiros fãs.

Se você falar sobre finanças pessoais, vai despertar pouca atenção, mas se integrar amor com riqueza vai conseguir magnetizar as pessoas. Foi o que o brasileiro Gustavo Cerbasi fez, escrevendo um livro impactante e de sucesso chamado *Casais inteligentes enriquecem juntos.* Sua ideia central é genial: "Em vez de brigar por causa de dinheiro, os casais devem aproveitar a parceria para enriquecer". Não é à toa que o livro já vendeu mais de 1 milhão de exemplares e se transformou em filme de cinema.

Inteligência emocional, Os 7 hábitos das pessoas altamente eficazes, Por que os homens amam as mulheres poderosas e *Os segredos da mente milionária* são todos livros que têm ideias centrais e geniais sustentando seu sucesso. Por trás dos meus livros mais vendidos, também há ideias centrais muito boas: *O sucesso é ser feliz, Amar pode dar certo, A carícia essencial, A revolução dos campeões, Problemas? Oba!.*

Desenvolva sua ideia central antes de começar a construir sua mensagem. Se você quer ser bem-sucedido, não comece a preparar uma apresentação antes de ter a ideia central bem clara na sua mente. Se você encontrar uma ideia genial, melhor ainda. Será sucesso na certa.

Sua pergunta para mim agora provavelmente é: "Roberto, mas como crio uma ideia genial?". Na base de uma ideia genial sempre há um problema a ser resolvido, e é disso que falarei a seguir.

O problema, desafio ou oportunidade

Uma vez criada a ideia central, você precisa captar a atenção dos leitores. O motor que fará seu público se interessar por sua palestra será resolver um problema, mostrar como aproveitar uma oportunidade ou como superar um desafio. Por isso, você deve começar sua palestra falando sobre uma dessas possibilidades. Voltando ao exemplo deste livro, temos:

- **Desafio**: você vai ter de melhorar muito a qualidade de suas apresentações para realizar seus objetivos.

- **Oportunidade**: as pessoas que sabem apresentar suas ideias, projetos e produtos conseguem ter sucesso mais rapidamente.
- **Problema**: você perde muitos negócios por não saber mostrar suas ideias e seus produtos.

Os três caminhos são poderosos, mas eu prefiro enganchar a atenção das pessoas mostrando um problema, pois o público se comove mais com a angústia de algo que o aflige. Nós vivemos a era da preocupação, e os problemas atormentam as pessoas. Quando alguém mostra a possibilidade de resolvê-los, consegue capturar mais a atenção do público.

A colocação inicial do problema vai facilitar o sucesso da sua apresentação, pois, na construção da sua mensagem, tudo girará ao redor da solução que você vai apresentar para aquela situação. Portanto, começar dizendo qual é o problema que sua apresentação vai ajudar as pessoas a resolver fará o tempo parar para que elas escutem o que você tem a dizer.

No caso deste livro, os problemas são o fato de pessoas talentosas ficarem para trás porque não sabem apresentar suas ideias, ou como negócios são perdidos por causa de uma apresentação inadequada, ou como mesmo os políticos mais preparados não são eleitos porque não conseguem mostrar sua competência quando falam com seu público.

Como você vê, ficar para trás, perder negócios ou mesmo não ser eleito são problemas capazes de fazer o leitor querer melhorar suas apresentações. Algumas considerações sobre cada uma das três possíveis posturas que você pode adotar:

- O enfoque no desafio provoca nas pessoas a vontade de superação, mas não cria a urgência que um problema cria para ser resolvido.
- O enfoque na oportunidade apresenta uma situação que pode ser aproveitada pela empresa, mas não comove os acomodados, que pensam: "Para que me esforçar mais se já estamos lucrando?". Ajuda a empresa, mas nem sempre chama para a ação com tanta força.
- O enfoque no problema estimula a pessoa se sentir angustiada por não conseguir resolvê-lo, quebra a acomodação e estimula a ação. A angústia por viver uma situação desagradável pode ficar pior se nada for feito. Um exemplo simples são aqueles comerciais de tratamento de queda de cabelo, que mostram um homem com pouco cabelo perdendo cada vez mais cabelos, até ficar careca. Essa consciência de que a situação pode piorar leva as pessoas a agirem para resolver o problema.

A apresentação de um vendedor vai ficar tanto mais poderosa quanto mais o cliente estiver preocupado por causa de um problema para o qual o vendedor tem a solução. Se o cliente em potencial não estiver consciente do problema, a parte da apresentação que trata desse assunto terá de ser mais profunda. Porém, se ele já estiver sofrendo com a situação, então não será preciso falar muito para motivá-lo a agir depois da sua apresentação.

Pessoas que estão com dor de dente compram mais facilmente o tratamento apresentado por um dentista. Pacientes sem dor ou problemas estéticos tendem a protelar o tratamento e a serem mais exigentes na escolha do profissional.

Alguns exemplos de como você pode começar abordando problemas:

- As pessoas obesas tendem a ser mais solitárias.
- Filhos que se sentem distantes dos pais têm a tendência a ingerir mais bebidas alcoólicas.
- Segundo o IBGE, 50% das novas empresas no Brasil fecham em menos de três anos de vida.

Você pode estar querendo me perguntar: "Roberto, como eu faço para saber que o problema que eu escolhi vai ser uma alavanca poderosa para minhas apresentações?". Responda a essas quatro perguntas:

- Há muitas pessoas que estão angustiadas com esse problema?
- Elas estão procurando soluções para esse problema?
- As pessoas estão gastando dinheiro para tentar resolver esse problema?
- Você tem um método sensacional para resolver esse problema?

Se você responder "sim" a todas essas perguntas, com grande grau de certeza, seu problema é consistente e sua palestra tem boas chances de ser bem-sucedida. Porém, se em qualquer dessas questões a resposta for "não", então é preciso que você reveja todo seu projeto e faça os ajustes necessários para melhorar o potencial de sucesso de sua apresentação.
Se quiser conhecer mais sobre esse assunto, sugiro que você leia meu livro *Problemas? Oba!,* pois nele essas questões são tratadas com profundidade.

Nós vivemos a era da preocupação, e os problemas atormentam as pessoas. Quando alguém mostra a possibilidade de resolvê-los, consegue capturar mais a atenção do público

A identificação do público com o problema

A plateia tem de se identificar com o problema que você está abordando e é você que tem de criar essa identificação. As pessoas precisam enxergar a si mesmas no seu discurso, na sua descrição. Quando isso acontece, elas têm a incrível sensação de que você está falando especialmente para elas.
Para conseguir isso, você pode contar histórias, mostrar exemplos, trazer evidências e argumentos de que o problema que você colocou é de fato algo significativo e que existe na vida de quem está ouvindo você. Descreva bem o cenário e faça com que todos pensem: "Eu tenho esse problema. Parece que ele está falando para mim!".

As pessoas precisam enxergar a si mesmas no seu discurso, na sua descrição. Quando isso acontece, elas têm a incrível sensação de que você está falando especialmente para elas

É claro que as palavras que você diz precisam ser construídas e escolhidas para que as pessoas se identifiquem com o problema e esperem que você mostre a solução. Alguns exemplos de frases que criam a identificação do público com sua apresentação, seguindo o exemplo que eu dei:

- Provavelmente, você está se achando a mais feia das pessoas, e fica triste cada vez que entra em uma loja de roupas e nada serve em você...
- Talvez, neste momento, seu filho e você estejam brigados...
- É muito triste ver o mês terminando e se angustiar por mais uma vez você não ter atingido a meta de vendas da sua empresa...

Existe uma palavra mágica que você precisa dizer, para gerar identificação do público: *você*. Com ela, a mobilização das pessoas acontece com muito mais naturalidade. Você leva o ouvinte a entender que está cuidando da pessoa mais importante da vida dele, que é ele mesmo.

A causa do problema

O passo seguinte é descrever as causas que levam ao problema. É nesse momento que você deve dizer e demonstrar que sabe as razões que fazem o problema ocorrer.

Fale como quem realmente conhece o assunto e está pronto para apresentar a solução. Uma frase forte para você usar nessa hora é: “Eu sei o que você está passando e sei por que isso acontece”.

Descrevendo as causas do problema, você tranquiliza a plateia porque mostra que entende do que está tratando. Isso dá a todos um sentimento de existir controle para algo que até então parecia ser aleatório na vida deles. Provoca também a mesma sensação de confiança de quando você vai a uma consulta médica por causa de uma dor no joelho e o médico descreve com exatidão os sintomas que você está sentindo e fala qual é a causa deles.

Quando você mostra que conhece a dor do seu público, e que sabe a causa com exatidão, o próximo passo será ele querer saber qual é o tratamento. Portanto, depois de mostrar qual é o problema fale das suas causas.

- A causa de muitas pessoas obesas não conseguirem emagrecer é porque elas têm dificuldades em seus relacionamentos e tentam suprir as carências emocionais com comida.
- A causa de muitos jovens não conseguirem conversar com seus pais sobre seus problemas é o distanciamento que existe entre eles.
- A causa de muitas empresas fecharem é a falta de conhecimento de gestão do fluxo de caixa.

A sua solução

Quando seu público percebe que você entende o problema que ele está vivendo e vê que você conhece sua causa, fica imediatamente querendo saber como resolver o problema.

Quando seu público percebe que você entende o problema que ele está vivendo e vê que você conhece sua causa, fica imediatamente querendo saber como resolver o problema

De novo aqui vale o modelo médico: "Eu entendi, doutor, por que meu joelho está doendo. E o que faço agora para resolver esse problema?". Nesse momento, seu público quer saber qual é a solução. Portanto, nessa hora, você tem de ser objetivo para aproveitar a curiosidade dele.

Infelizmente, muitos palestrantes simplesmente divagam, apresentando ideias e considerações, enquanto os campeões propõem um caminho. Se quiser dar uma palestra que todos aproveitem, foque na solução. A diferença entre ideia e solução é bastante simples:

- **IDEIAS** são baseadas na lógica, na prevenção de problemas. Geralmente, são teóricas e conceituais, descrevendo o que as pessoas deveriam entender sobre os problemas. Elas são criadas para ser desenvolvidas visando resultados de longo prazo. São as coisas certas que você deveria estar fazendo para não ter o problema que tem. Geralmente, é alguma coisa que todos conhecem e sabem que têm de fazer, mas não fazem.

- Já as **SOLUÇÕES** resolvem efetivamente o problema. Elas oferecem um alívio, ensinam o que as pessoas estão procurando saber, estimulam a ação no sentido de resolver o problema e entregam um resultado.

Por exemplo: um paciente faz tratamento em uma clínica em que trabalham duas fisioterapeutas. Ele adora uma delas, porque, quando ele chega com dor, ela examina, faz o diagnóstico, propõe uma solução para tratá-lo, aplica esse tratamento e acalma seu sofrimento. Então, ela explica o que está acontecendo, fala das causas, e, no final, orienta sobre como ele deve proceder para não ter mais dor.

A outra ele evita a todo custo porque, embora também seja competente no tratamento, na hora da consulta ela examina,

e a seguir fala do problema, explica a causa e fica meia hora falando sobre o que ele deveria ter feito para não ter tido o problema. Ele precisa ouvir tudo sofrendo com o desconforto que está sentindo e somente no final é que ela vai e trata. Só que, na hora da dor, nós queremos algo que resolva, e só depois queremos a orientação.

Em uma empresa em crise, a maioria dos empresários sabe que está faltando dinheiro porque as vendas foram fracas, mas eles não querem alguém que fique falando o que eles deveriam ter feito para evitar isso, e sim o que eles precisam fazer para reorganizar seu fluxo de caixa.

Muitas pessoas sabem que não estão vivendo um grande amor porque não trataram bem as pessoas que as amavam. Mas elas não querem ficar ouvindo o que deveriam ter feito durante o relacionamento e sim o que devem fazer para resolver sua dor de amor.

As pessoas não querem ideias. Elas querem soluções. Se, ao final da palestra, você não apontou caminhos que resolvam seus problemas, as pessoas vão ficar frustradas.

Em geral, nós pagamos ou valorizamos muito as soluções e muito pouco as ideias. Quando você faz uma apresentação, as pessoas não vão bater palmas pelo seu brilhantismo, mas sim pelas soluções que você apresentar.

A solução que você traz é uma saída para o problema do público

Todos estão sedentos por resultados, pois ideias existem aos montes por aí, mas pouquíssimas ajudam a resolver de fato os problemas. Por isso, traga soluções reais, viáveis e possíveis para as suas apresentações. Assim, seguindo os exemplos anteriores, as soluções seriam:

- Use roupas que valorizem seu corpo e o que você tem de bom, não coma por carência (só por fome) e invista mais em seus relacionamentos.
- Transforme-se em um pai companheiro de seu filho.
- Faça sua empresa crescer de maneira sustentável.

Os passos da sua solução (seu método)

A solução que você traz é uma saída para o problema do público, mas a pergunta que fica no ar, depois que ela é apresentada, é: "Como posso fazer isso funcionar para mim?".

Na hora em que o cérebro das pessoas perguntar: "Como eu resolvo esse problema?", você tem de entregar a solução preferencialmente de uma forma organizada, pois isso respeita o mecanismo de funcionamento do cérebro. Entenda que essa é a lógica do pensamento da sua audiência.

O "como" pressupõe um caminho do problema até a solução. Observe os artigos de revista em que você mais presta atenção. Normalmente, são aqueles que têm uma lista de itens a serem percorridos:

- As sete maneiras de conquistar sua esposa.
- As cinco estratégias de criar uma empresa de sucesso.
- As quatro formas de criar novos amigos.
- As três regras de ouro dos empresários milionários.
- Os seis passos para uma viagem inesquecível.

Veja um exemplo simples de algo que aconteceu comigo: em uma época, eu estava com uma dor no calcanhar esquerdo. Fui ao médico, que me examinou e falou que eu estava com fascite plantar. Fez o diagnóstico, falou dos sintomas, das causas e depois falou que eu tinha de ter três condutas para curar essa dor: fazer alongamentos, colocar gelo e usar palmilhas.

Ficou claro e simples para mim e me impulsionou a agir. Fiz isso e a dor passou.

Abra as revistas, vá até os grandes portais da internet e veja a quantidade de artigos que trazem um determinado número de itens na estrutura da uma solução. Por que esse modelo funciona? Porque depois de estarem convencidas sobre a possibilidade de resolver um problema, as pessoas querem ter um sistema para agir, e você precisa mostrar a elas o que fazer.

Gosto de colocar cinco ou sete itens nos métodos que crio, mas você pode montar o seu com três, quatro, oito itens etc. Apenas sugiro que você não crie um número muito grande de itens, para não tornar seu método muito complicado ou difícil de lembrar.

Vou dar um exemplo: em minha palestra "A revolução dos campeões", falo sobre as cinco competências dos campeões:

1. Velocidade
2. Polivalência
3. Visão
4. Capacidade de realização
5. Entender de gente

São cinco competências e pronto! Nada de ficar enfeitando demais; é preciso ser objetivo e prático. Nos exemplos que eu dei, o passo a passo da solução poderia ser:

- As quatro chaves para se relacionar melhor com seu corpo e com os outros: valorize seus pontos fortes; minimize suas imperfeições; personalize suas roupas; cultive relacionamentos saudáveis.

- As cinco atitudes do pai companheiro: convívio próximo; cumplicidade honesta; amizade sem autoritarismo; confiança incondicional; limites com afeto.

- Os quatro segredos dos campeões: objetivo definido, estratégia clara, competência superior, trabalho consistente.

Da mesma maneira que o médico tem de motivar o paciente a realizar o tratamento que ele prescreveu, você também tem de inspirar seu público a fazer o que você propôs

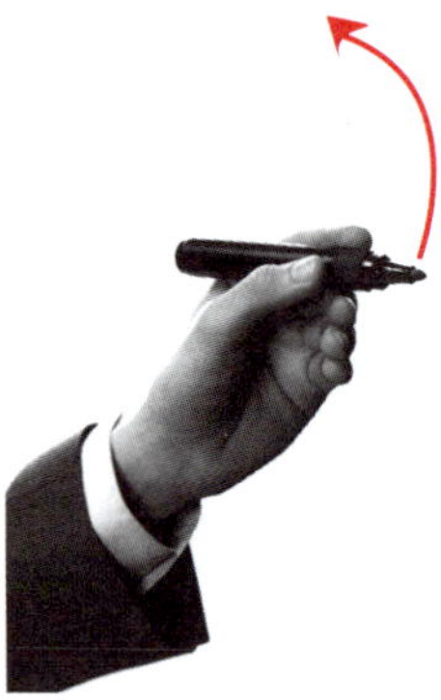

A motivação para a ação

Da mesma maneira que o médico tem de motivar o paciente a realizar o tratamento que ele prescreveu, você também tem de inspirar seu público a fazer o que você propôs.

Remédio comprado e esquecido no armário não faz efeito. A mesma coisa acontece com sua apresentação: ideia aplaudida que o público não coloca em prática não resolve o problema dele e não faz sua carreira decolar.

Crie motivação para que as pessoas queiram aplicar sua solução. Aqui deve acontecer o que os americanos chamam de call to action, ou seja, a chamada para a ação. É uma mensagem que impulsiona as pessoas a fazerem o que você quer que elas façam.

Então, incentive as pessoas a implementarem seu sistema. Portanto, a partir deste momento, jamais fale novamente do problema, senão você desmonta tudo o que construiu.

É como a esposa que está negociando com o marido um compromisso de saírem todos os sábados para se divertirem mais juntos. Quando ela conseguiu o que queria, se voltar a falar dos problemas de falta de convívio do casal, vai desanimá-lo de agir. Com o palestrante acontece a mesma coisa: daqui para a frente, fale do futuro e, principalmente, da mudança para o sucesso.

Você precisa ajudar a pessoa a aplicar a solução que você apresentou. Isso é fundamental. Nessa fase, há três estratégias para você motivar a pessoa para a ação:

- Estimular a autoconfiança.
- Inspirar para a superação.
- Motivar para a ação.

Estimule a autoconfiança

Inspire as pessoas a confiarem em si próprias, pois, quando elas estão desanimadas, a tendência será elas se entusiasmarem com suas ideias, mas não agirem. Mostre que elas merecem ser mais felizes e mostre os benefícios de elas fazerem como você indica e os resultados que elas vão conquistar.
Aqui valem também exemplos, histórias, casos, relatos etc. Toque o coração delas. Quanto mais as pessoas se emocionarem, maior será a energia para a ação. Pessoas autoconfiantes têm mais força para agir.
Algumas frases que você pode usar para conseguir melhorar a autoconfiança das pessoas:

- Se você olhar para seu passado, vai ver que as situações de que você se lembra com mais orgulho são aquelas em que tudo parecia perdido e você ousou confiar em você mesmo e avançar.
- Se você olhar para sua vida, vai perceber que nunca desistiu do que era realmente importante para você. Agora, está vivendo uma situação semelhante; então, confie em você e vá em frente!
- Agora é o momento de acreditar em você e fazer o que é preciso fazer.

Inspire para a superação

Muitas vezes, quando a pessoa escuta uma apresentação, ela mantém uma atitude de indiferença porque está cansada de já ter batalhado muito sem ter sucesso. Você pode mostrar que sabe que ela já está lutando há muito tempo sem ter êxito, mas que ainda pode perseverar e conseguir o que quer.

Falando para uma plateia de alcoólatras: "Eu tenho certeza de que vocês já lutaram muito para deixar esse vício de lado, mas quero que vocês percebam que um maratonista também sofre para correr mais de 40 quilômetros, mas ele não pode desistir quando está próximo da linha de chegada. Nessa hora, a dor no corpo está perto do insuportável, a energia física já acabou faz tempo, mas nesse momento ele tem de ter claro que dali a alguns minutos ele estará cruzando a linha de chegada!".

Os empresários em um curso de gestão de fluxo de caixa muitas vezes estão com problemas financeiros há anos, e por isso perto de largar tudo. Então, você pode falar: "Eu imagino como vocês estão cansados de lutar e de não ver os resultados; de como vocês estão exaustos de trabalhar e ver que a cada dia sua empresa está com menos dinheiro. Mas quero lembrar que nessa luta você aprendeu muito sobre o que não fazer, ficou muito mais experiente e, se você colocar essas ideias em prática, sua vida vai mudar rapidamente".

Nesse momento da palestra, é convocar a energia dessa pessoa para realizar a revolução na sua vida.

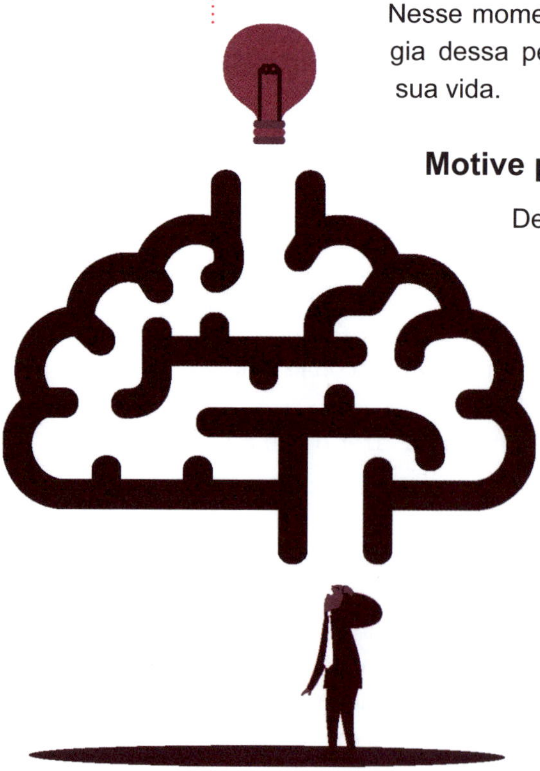

Motive para a ação

Depois de inspirar as pessoas a confiarem em si mesmas e a mobilizar sua energia de superação, agora é a hora de motivá-las para a ação. Para motivar uma pessoa a agir, você precisa dar uma ordem para que o cérebro dela busque fazer o que é preciso. Uma frase forte é capaz de levar um time de futebol a ganhar uma partida impossível ou uma equipe de vendas a realizar uma meta aparentemente fora de alcance. Algumas frases que você pode usar:

- Tudo o que vocês precisam é fazer o que vocês sabem fazer!
- Agora é o momento em que os medrosos choram e os heróis lutam!
- Vocês lutaram todo o campeonato para chegar até aqui. Agora falta muito pouco. Vão lá e ganhem esse jogo!

Uma frase forte é capaz de levar um time de futebol a ganhar uma partida impossível ou uma equipe de vendas a realizar uma meta aparentemente fora de alcance

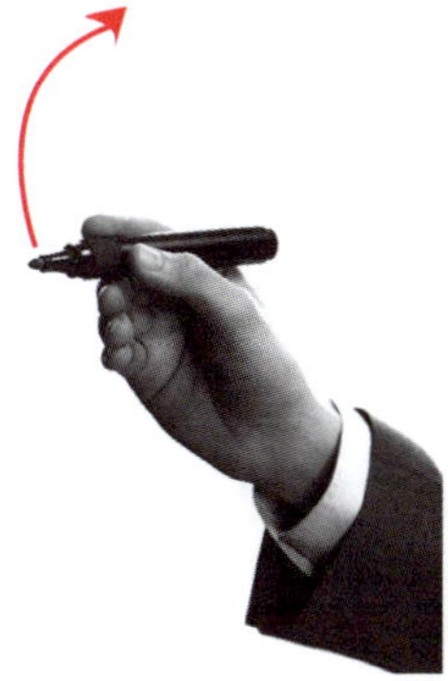

No exemplo dos três casos, a motivação pode ser:

- Faça algo por você. Vá já se arrumar bem bonita, saia de casa e comece a olhar você e os outros com bons olhos!
- Você ama seu filho, por isso não tem sentido ficar tanto tempo sem falar com ele. Pegue o telefone e convide-o para almoçar!
- Você sabe o que precisa fazer para aumentar suas vendas. Saia e comece a visitar dez clientes por dia!

Saiba que no meio de tantas coisas que foram feitas e que poderiam ser feitas, seu público quer alguém que o oriente na primeira ação a ser feita. E ele será eternamente grato por sua força!

A celebração ou conclusão

Conclua sua apresentação em um clima de celebração. A palestra tem de terminar com uma frase para cima.

O final da apresentação tem de ter uma mensagem de sabedoria que mostre que existe vida além do problema que a pessoa está resolvendo. Leve sua plateia a um estado emotivo e energizado, que a faça sentir alegria de viver.

Comemore, termine com a energia em alta. Incentive as pessoas e finalize com alto astral. Algumas frases que podemos usar para concluir uma apresentação

- Lembre-se: dê um jeito de ser feliz porque o sucesso sem felicidade é a pior forma de fracasso!
- Não se esqueça de que cuidar dos outros é uma forma de realizar o trabalho de Deus. Como dizia minha mãe: “O pouco com Deus é muito e o muito sem Deus é nada!”.

Nos exemplos que eu dei, a celebração pode ser:

- Você merece ser feliz. Ame-se e cuide-se! Você vale muito!
- A amizade entre pai e filho e a certeza do amor em família são as coisas mais importantes e valiosas da vida!
- A tranquilidade de uma empresa sadia, estável e lucrativa traz noites bem dormidas e tempo para viver o que você mais quer na vida!

Alguns exemplos de estrutura da mensagem

Vamos ver alguns exemplos de estrutura da mensagem na prática:

A estrutura da mensagem simplificada do meu livro *Problemas? Oba!*:

A ideia central: Resolver problemas para os outros é a melhor forma de mostrar sua competência e enriquecer.

O problema: Ninguém gosta de ter um problema pela frente. Problemas geram sofrimento para as pessoas.

A identificação: Talvez neste exato momento você esteja desanimado porque tem um problema para resolver.

A causa: As pessoas costumam associar problemas com algo ruim e incômodo.

A solução: Comemore as chances de resolver um problema, pois são sua oportunidade de ganhar mais e ter mais reconhecimento.

Os passos da solução (o método): O método "corte o mal pela raiz", de Roberto Shinyashiki:

Passo 1: Descubra as causas do problema
Passo 2: Tenha um projeto claro da solução
Passo 3: Implemente as mudanças

A motivação: Quem resolve os maiores problemas ganha mais.

A celebração: Faça a sua vida valer a pena ajudando os outros a resolverem problemas!

A estrutura da mensagem simplificada
do meu livro *O sucesso é ser feliz*:

A ideia central: Sucesso sem felicidade é a pior forma de fracasso.

O problema: As pessoas costumam separar sucesso de felicidade. Pensam que para ter sucesso profissional precisam trabalhar desesperadamente e deixar de lado todo o restante de sua vida.

A identificação: Talvez neste exato momento você esteja sendo promovido na sua empresa, mas sinta que esse sucesso custou seu afastamento das pessoas que ama.

A causa: As pessoas aprenderam a pensar que felicidade e sucesso não combinam, não se misturam.

A solução: É possível ter sucesso e ser feliz ao mesmo tempo.

Os passos da solução (o método): Quatro passos para ser feliz e ter sucesso

Passo 1: Saiba o que faz você feliz e busque isso
Passo 2: Ame as pessoas do jeito que elas são
Passo 3: Ajude as pessoas a serem felizes
Passo 4: Realize seus sonhos

A motivação: Não deixe sua vida para depois

A celebração: Lambuze-se de vida!

A estrutura da mensagem simplificada do livro
***Antes tarde do que nunca*, de Gilberto Cabeggi:**

A ideia central: Não importa em que momento ou situação você esteja em sua vida, sempre é tempo de ser feliz.

O problema: As pessoas se acham velhas demais para arriscar a mudar de vida, trocar de emprego, voltar aos estudos ou pôr fim a um casamento infeliz e se tornam incapazes de perceber que nunca é tarde demais para ser feliz.

A identificação: Talvez neste exato momento você esteja vivendo uma situação que o deixa profundamente infeliz, mas ache que agora é muito tarde para mudar a sua vida e que por isso tem de se resignar à sua infelicidade.

A causa: As pessoas aprenderam, desde a infância, a pensar que a felicidade tem prazo de validade e que vencido esse prazo ela se torna impossível de conquistar.

A solução: Volte a acreditar que sempre é tempo de realizar seus sonhos, não importa em que ponto da vida você esteja.

Os passos da solução (o método): O método "Antes tarde do que nunca":

Passo 1: Tenha claro seu objetivo final
Passo 2: Construa um plano de transição
Passo 3: Mantenha uma rede de proteção
Passo 4: Parta para o tudo ou nada
Passo 5: Não desista no meio do caminho

A motivação: Se você um dia achou que era tarde demais para voltar a lutar pelos seus sonhos, ainda é tempo de olhar para a frente e recomeçar a viver.

A celebração: Cultive a esperança a cada momento, porque sempre é tempo de recomeçar e todo dia é dia de ser feliz.

Agora mãos à obra. Sente-se em frente ao computador e comece a preparar sua apresentação! Seu sucesso será inevitável!

O conteúdo da sua apresentação

Depois de montar a estrutura da sua mensagem, você vai pesquisar informações para criar o conteúdo do que você estruturou.

Setenta por cento dos palestrantes que existem hoje não progridem simplesmente por falta de conteúdo. Suas apresentações são superficiais e vazias, não convencem nem tocam o público.

Fico indignado quando vejo palestrantes falando aqueles conceitos batidos, as histórias que todos já conhecem, as frases de sempre e, o pior: a pessoa falando com a atitude de quem está trazendo a maior das novidades do planeta. E fico mais indignado ainda quando sei que alguém contratou um palestrante assim para um evento importante. É um desrespeito com o público e um sinal de descaso com sua empresa, por não ter nem ao menos visto o conteúdo antes da contratação.

O outro lado da história: é muito lindo ver um palestrante que dá informações relevantes. Certa vez, o professor Marins, um palestrante muito conhecido, fez uma apresentação antes da minha, em um evento em Goiânia. Ele começou falando que talvez alguns dos participantes não valorizassem o suficiente o fato de estar em Goiânia, pois poucos sabiam da importância da cidade no mundo.

Ao ouvir essa frase fortíssima, fiquei pensando: "Como ele vai sustentar essa afirmação?". Então, ele mostrou um *slide* com os valores do PIB de várias nações e, no *slide* seguinte, colocou o PIB de Goiânia. Para o espanto geral, a produção econômica da cidade era maior que a de muitos países, como Bolívia e Paraguai. Imagine a reação das pessoas ao descobrirem que o prefeito de Goiânia administra uma economia maior que a de alguns países inteiros! Tenho certeza de que todas as pessoas da plateia se sentiram mais importantes.

Os grandes palestrantes têm sucesso porque são profissionais que estudam, assistem apresentações de palestrantes excepcionais, leem livros grossos, profundos e cheios de conteúdo de qualidade. Eles também fazem cursos, pesquisam muito, aprimoram sua técnica e se aperfeiçoam na aplicação de métodos eficazes para fazer uma apresentação de sucesso.

Vamos ver alguns pontos fundamentais para criar conteúdo.

Os grandes palestrantes têm sucesso porque são profissionais que estudam, assistem apresentações de palestrantes excepcionais, leem livros grossos, profundos e cheios de conteúdo de qualidade

Construa um conteúdo profundo e original

É importante conhecer profundamente seu assunto, mas, acima de tudo, é preciso ser original. Procure se diferenciar das outras pessoas e deixar sua marca registrada e única.

Tenha informações que surpreendam para criar argumentos poderosos e adequados para fazer seu público comprar suas ideias e colocá-las para funcionar. Eu, particularmente, faço todos os tipos de pesquisas para conseguir formar uma base para a minha argumentação.

Pessoalmente, para meus livros e palestras, coleciono informações, dados científicos, resultados de pesquisas, evidências, estatísticas, casos, referências, curiosidades, piadas, histórias das mais diversas e, principalmente, procuro fatos da minha vida para ilustrar os pontos que eu quero mostrar. Junto tudo isso com o que eu sei da minha prática e experiência, para formar um conteúdo impactante.

Por isso, prepare-se para fazer sua palestra investindo em sua formação pessoal para ter um conteúdo profundo sobre o tema que você trabalha. Quando decidi me dedicar a fazer palestras empresariais, fui cursar o MBA na Faculdade de Administração e Economia (FEA) da Universidade de São Paulo (USP). Isso foi em 1996, período em que fazer essa especialização não era ainda tão comum.

Depois disso, fui estudar administração de empresas nos Estados Unidos e no Japão, que na época ainda eram exemplos de revolução nos negócios. Mais tarde, percebi que estava sendo muito solicitado para dar *coaching* para CEOs de grandes empresas e para grandes empresários, e por isso voltei para a FEA-USP para fazer doutorado em administração, e ter assim informações que pudessem me dar fundamentos para conversas profundas.

Sempre procurei estudar nos melhores centros porque, além de aprender mais para ter o que falar para meu público e dar o melhor de mim para meus contratantes, é uma maneira de ter respeito com minha carreira.

Ser simples não é ser superficial

Uma das maiores competências dos grandes apresentadores é pesquisar informações sofisticadas e traduzir para uma linguagem simples, que seja útil, prática e ordenada para o público. Mas entenda que ser simples não é ser superficial.

Embora você tenha de ter simplicidade para falar, isso não significa que basta conhecer pouco do assunto. Ao contrário, seu conhecimento tem de ser amplo. Na verdade, em uma apresentação, você vai usar somente 10% de tudo o que sabe, mas tem de ter os outros 90% de reserva para qualquer eventualidade.

Por exemplo, um professor de cirurgia me disse certa vez que normalmente precisava usar apenas um décimo de seus conhecimentos para fazer uma cirurgia de alta qualidade. Mas que o que lhe dava a tranquilidade para operar o paciente era saber que ele ainda tinha outros 90% a mais de conhecimento para usar, caso algo desse errado durante a operação.

Por isso, saber muito vai dar a você a tranquilidade para ser simples.

Algumas dicas fundamentais para você sobre isso:

- Tenha algo para ensinar para seu público que ninguém mais ensina.
- Sempre dê muita informação à plateia, porém de forma fácil e clara.
- Sempre apresente o conteúdo de modo que o público entenda.
- Conquiste o direito de ensinar sobre seu tema.
- Ilustre sua apresentação com casos e histórias, de preferência que você mesmo tenha vivido ou presenciado.
- Leia os dez melhores livros sobre seu assunto.
- Conheça profundamente o trabalho dos cinco grandes autores que falam sobre seu tema.

Investigue muito sempre, especialmente em publicações renomadas e confiáveis, sobre o tema que você vai abordar, e reforce seu conteúdo para falar com muita riqueza e autoridade. Se for incluir histórias, não caia na tentação de contar as já muito conhecidas e gastas da internet, copiadas em intermináveis sites, como a do sábio que empurrou a vaquinha, ou a do sapo que é colocado na água que vai esquentando, e tantas outras. Fazer isso é cometer um pecado mortal em sua palestra. Também evite os clichês, como aquele vídeo que todos já viram no YouTube.

Somente tendo conteúdo original e relevante você vai evitar que sua apresentação se esvaia da mente das pessoas como fumaça no ar.

Mostre ao público que você tem algo muito valioso para ele

Quando for montar o conteúdo da sua palestra, busque informações que façam as pessoas perceberem que vão ganhar muito se seguirem sua orientação. Quando as pessoas

assistem a uma apresentação, uma das primeiras perguntas que elas fazem é: “O que eu ganho com isso?”.

Isso é quase automático, pois sempre cuidamos de nossos próprios interesses. Existe uma expressão em inglês que é “*What is in it for me*?”, ou seja, “O que tem aí para mim?”. Se as pessoas perceberem que não há nada de interessante para elas em uma palestra, elas não vão dar atenção para a apresentação.

O cérebro sempre busca informações que melhorem a vida. É mais ou menos como um inseto buscando comida: ele olha muitas coisas, mas não gasta mais de um segundo da atenção dele com o que não interessa. A atenção das pessoas é seletiva; por isso, você precisa dar informações de valor a elas, para que mantenham o foco em você.

A atenção das pessoas é seletiva; por isso, você precisa dar informações de valor a elas, para que mantenham o foco em você

Há algum tempo, comecei a falar sobre a importância de desenvolver a competitividade nos negócios, mas não me preocupei em mostrar aos empresários a necessidade urgente de revolucionar as empresas para se preparar para isso. Esse erro me custou um período de vendas baixas de minhas palestras. No começo dos anos 1990, eu viajava muito pela Europa, principalmente para Portugal e Espanha, e via os planos que as multinacionais faziam para entrar comercialmente no Brasil. As conversas que eles tinham envolviam tanta estratégia, que se assemelhavam muito a planos para uma invasão militar. A partir daí, comecei a dar uma palestra chamada “A revolução dos campeões”, em que eu falava de competição e competitividade.

Uma das palestras mais marcantes que dei sobre esse tema aconteceu em Novo Hamburgo, no Rio Grande do Sul, uma região dedicada à fabricação de calçados. Depois da apresentação, fui almoçar com vários empresários do setor. Com muita educação, eles elogiaram minha palestra, mas comentaram que esse tema era algo mais apropriado para São Paulo, onde a competição era feroz. Para eles, o assunto não tinha muita importância, pois todos os seus produtos eram vendidos com facilidade. Na verdade, eles achavam que o único problema que tinham era conseguir produzir a quantidade que suas equipes vendiam.

Então, entendi a razão das vendas escassas das minhas palestras, naquela época, fora de São Paulo. Percebi que não tinha tido o cuidado de mostrar a relevância de as empresas serem competitivas, e o preço que paguei foi não conseguir vender minha palestra sobre competitividade.

Quando percebi que os empresários não tinham consciência do problema que iriam enfrentar, fui firme, e disse naquele almoço que o Rio Grande do Sul não estava fora do mapa mundial, e que o risco representado pelos produtos estrangeiros era imenso também para a indústria gaúcha. Pouco depois, o Brasil retirou as barreiras para a importação e os produtos de outros países, principalmente da China, invadiram nosso país, tomando os clientes e o mercado dos gaúchos.

Somente quando os empresários sentiram a angústia de perderem clientes é que procuraram minha solução. Por causa disso, passei a fazer tantas palestras nesse estado que cheguei até a pensar em me mudar para lá!

Quando um palestrante faz uma apresentação que não acena com ganhos ou benefícios para quem está ouvindo, fica muito difícil motivar esse público para a ação.

Recentemente, estive no exterior e visitei algumas lojas de eletrônicos e fiquei impressionado com a forma como eles estão vendendo a televisão inteligente. Em vez de folhetos explicativos, montaram pequenos estúdios para que duas pessoas de cada vez conheçam os benefícios desses aparelhos novos. O cliente sente como se estivesse em sua própria casa e pode mudar de canais simplesmente movimentando as mãos, pode navegar na internet sem sair da poltrona e ver seus e-mails e respondê-los, além de assistir à TV em terceira dimensão. Ou seja, depois de uma apresentação de cinco minutos, fica impossível não perguntar o preço, pois os benefícios são muito claros.

Outro exemplo: certa vez, em uma apresentação em uma empresa de médio porte, vi o executivo pedir a colaboração dos funcionários para a companhia sobreviver à turbulência do mercado naquela época. Ele falou de trabalhar além do horário do expediente e comprometer-se com as metas. Era um final de semana e eu fiquei imaginando que os colaboradores estavam se perguntando: “E o que eu ganho com isso?”.

Até que, em certo momento, o empresário falou: "E eu prometo que não acontecerá nenhuma demissão na empresa, apesar da crise!". Ele não lhes prometeu ganhos extras ou bônus, mas garantiu que iria se comprometer em manter todos os empregos. Foi aplaudido em pé por seu time de colaboradores e muitas ações foram executadas por todos, fazendo com que a empresa resistisse à crise e seu pessoal continuasse empregado.

Construa uma mensagem objetiva para ser entendida

Definitivamente, o cérebro das pessoas pensa desta maneira: o que eu não entendo eu não compro.

Quando for montar o conteúdo das suas apresentações, crie conceitos lógicos e objetivos para que as pessoas entendam exatamente aonde você quer chegar. Assim, elas podem agir para realizar o que você determinou.

Use mensagens diretas, simples, com instruções objetivas e movimentos fáceis.

Vejo muitos empresários fazerem apresentações para sua equipe, mas de uma forma tão confusa que ela sai não sabendo o que fazer. Por exemplo, em uma apresentação, o diretor diz aos funcionários: "A partir do mês que vem, vamos dobrar nossas vendas". Mas ele coloca muitos números, gráficos, e tantas possibilidades que, no final da sua fala, as pessoas se perguntam: "O que será que ele quer que a equipe realize?".

Quando eu trabalhava em pronto-socorro, via vários médicos falando aos seus pacientes termos tão complicados e tantas opções de tratamento que, no final da consulta, o paciente procurava outro médico para entender exatamente o que fazer.
Vendedores de lojas dão tantas opções de compra que às vezes deixam o cliente confuso e perdem a venda. Há algum tempo, estive nos Estados Unidos, em Las Vegas, e entrei em uma fila para comprar ingressos para um show. Nesses quiosques que vendem tickets para muitas atrações, há tantas opções que existem vários jovens ao longo da fila orientando as pessoas para que elas cheguem ao guichê de compra já com a escolha feita, para que o atendimento seja mais rápido. Eu já estava com meu show escolhido e falei qual era para o vendedor. Mesmo assim, o jovem começou a falar de tantas outras opções de espetáculos e musicais, que falei para ele que ia tomar um café para pensar melhor e depois voltava. Ele colocou tantas ideias na minha cabeça que eu fiquei confuso sem saber o que escolher.
Por isso, simplifique sua mensagem e mostre o caminho que você quer que as pessoas escolham.

Simplifique sua mensagem e mostre o caminho que você quer que as pessoas escolham

Mostre que você tem autoridade para falar sobre o tema

Para atingir seus objetivos com sua apresentação, você precisa conquistar a confiança da plateia. A maneira mais segura de fazer isso é mostrar que você tem autoridade para falar sobre o tema que vai apresentar.
Sempre que alguém fala em uma palestra, as pessoas se perguntam: "O que ele fez na vida para eu acreditar no que ele está dizendo?". Por isso, é importante que você se adiante e demonstre que é um especialista em seu tema. Existem três maneiras para você mostrar que tem o direito de falar:

Um currículo vasto de estudos na área
Se você for fazer uma palestra em um auditório, geralmente o mestre de cerimônias vai falar de seu currículo ao apresentá-lo; mas, mesmo nesses casos, é importante você reforçar contando algumas das experiências que tem na área. Por

exemplo, se eu estou falando para uma plateia de presidentes de empresas, mesmo que o apresentador tenha falado que eu sou doutor em administração de empresas pela USP, durante a palestra vou contar algum episódio para reforçar essa informação. Então, posso falar uma frase simples, do tipo: "Minha tese de doutorado foi sobre gestão de crises e isso me deu uma visão muito boa do que é possível fazer para evitar essas situações nas organizações". Mas vamos imaginar que você não tenha um curso de especialização na área da qual está falando; então, pode citar os dois grandes autores do tema ou pelo menos um dos livros mais significativos sobre o assunto, demonstrando ao público que suas fontes de estudo são confiáveis.

Experiência de trabalho com o tema

Mostre sua prática e proximidade com o que está apresentando. Se eu, por exemplo, for falar em clubes esportivos sobre a preparação mental de atletas de alto rendimento, posso falar da experiência que tive quando trabalhei nas Olimpíadas de Sidney e Londres, nas quais pude estudar o comportamento de profissionais submetidos à intensa pressão.

Se você está falando sobre educação de crianças excepcionais, pode citar, por exemplo, sua experiência como pai de uma delas, pois isso o autoriza a falar sobre esse tema.

Resultados significativos

Resultados positivos conquistam o respeito de qualquer pessoa. Quando eu falo sobre escrever livros, logo no início cito o fato de ter vendido mais de 7 milhões de exemplares. Mas essa é uma estratégia que precisa ser usada com muita delicadeza, para não parecer arrogância. Ao mesmo tempo, tem de ser clara, para mostrar que você é uma autoridade no tema que trata.

Observe que dependendo do tema que você for abordar, terá de provar que tem competência para falar sobre o assunto. É possível fazer isso de modo bem simples, usando formatos como:

- Uma afirmação simples, mas firme e convincente, sobre a ideia central de sua palestra.
- Uma história genérica que você viveu, mas que tenha a ver com o tema.
- Abordar um assunto da atualidade que mostre seu conhecimento do tópico e que tenha a ver com o objetivo da sua palestra.
- Uma história que aconteceu no próprio evento e que lhe sugeriu caminhos para chegar ao seu objetivo com a palestra.
- Uma história da empresa para quem você está falando e que mostre o quanto você conhece da situação para a qual foi chamado a falar.

É importante termos parceiros que nos ajudem a realizar nossos sonhos, porque a maioria das pessoas ao nosso redor não nos incentiva a realizá-los

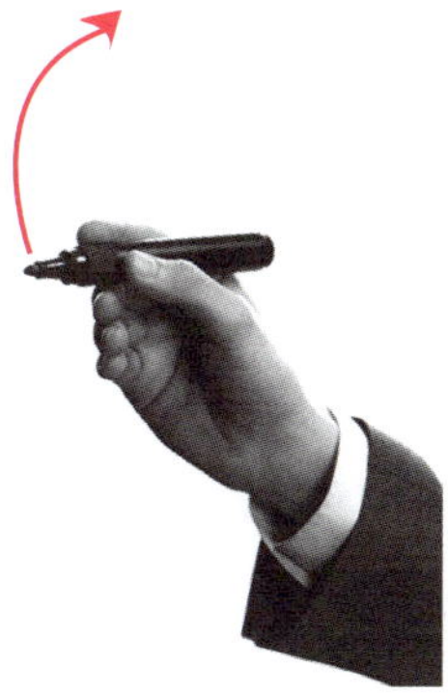

Esse trabalho de mostrar sua *expertise* não deve superar dois minutos de fala. Tome o cuidado para não cair na tentação de se estender demais falando sobre seu currículo, porque isso vai desviar do seu foco e transmitir uma imagem de vaidade ou convencimento.

Colecione casos ilustrativos

Exemplifique suas ideias contando casos verídicos relacionados ao tema de sua palestra. Se estiver vendendo uma nova lente de contato, você pode apresentar um caso de alguém que se libertou dos óculos. Convenções de marketing multinível usam sempre os exemplos de pessoas que estavam em uma situação financeira horrível e, depois de começarem a trabalhar na empresa, ficaram milionárias. Em geral, ilustram o caso apresentado com muitas fotos de casas, carros e viagens.

Quando falo de sonhos, procuro mostrar a importância de termos parceiros que nos ajudem a realizar nossos sonhos, porque a maioria das pessoas ao nosso redor não nos incentiva

a realizá-los. Então, conto o caso de um empresário do sul do país que estava apresentando um projeto a um grupo de investidores, que queria fazê-lo desistir da ideia.
Em um momento ele falou alto e forte: "Eu proíbo vocês de destruírem meu sonho. Eu troco vocês, mas não troco de sonhos".
Se você estiver falando da importância de ser criativo, você pode, por exemplo, contar um caso como este, para ilustrar:

> *Conta-se que o estadista britânico Winston Churchill estava no parlamento inglês fazendo um discurso e, de repente, uma mulher se levantou e disse: "Churchill, isso que você diz é um absurdo. Você deveria sair da política, deixar de existir...".*
> *Churchill continuou sentado, olhando para a mulher. Pegou o cafezinho que estava à mesa e tomou um gole. Então, a mulher esbravejou: "Se eu fosse sua esposa, eu colocaria veneno nesse café".*
> *Churchill então a encarou e respondeu calmamente: "Se eu fosse seu marido, eu tomaria esse café envenenado com o maior prazer!".*

As piadas precisam ser usadas com a intenção de provocar uma determinada reação na sua audiência e ajudá-la a fixar o conteúdo que você está passando

Os casos, além de ilustrar nossas ideias, tocam a alma das pessoas e as inspiram a agir.

Tenha um repertório de piadas

Conte uma piada que faça o público se descontrair depois de um tema pesado, ou mesmo uma anedota que ilustre a ideia que você acabou de apresentar, ou ainda que traga uma mensagem sábia, ou uma lição de vida.
Esse recurso não é simplesmente para deixar a palestra divertida ou mais bonita. Ele precisa ser usado com a intenção de provocar uma determinada reação na sua audiência e ajudá-la a fixar o conteúdo que você está passando.
Por exemplo, se sua mensagem for sobre velocidade de resposta, você pode ilustrar com uma piada como esta:

Um sujeito descobriu que tinha sido traído e acabou seu casamento. Furioso, pegou seu carro e saiu acelerando pela estrada, cometendo todos os tipos de infrações possíveis. De repente, olhou pelo retrovisor e viu um policial dando sinal para ele parar. Acelerou ainda mais, mas o policial continuava atrás dele. Como não tinha mais como fugir, resolveu encostar o carro. O policial se aproximou, olhou para ele, pediu os documentos e disse: "Olha, na velocidade em que você estava eu vou ter de multar você e apreender seu veículo, e isso vai dar uma encrenca danada! Eu estou no final do meu expediente, estou indo para casa e gostaria de resolver isso logo. Se você me der um bom argumento para explicar por que você estava correndo tanto, prometo que o libero!"
O rapaz olhou para ele e falou: "Sabe o que é, seu guarda? Minha mulher me largou e fugiu com um policial rodoviário. E quando vi um policial de motocicleta correndo atrás do meu carro, fiquei com medo que o senhor estivesse querendo devolver a mulher para mim".

Uma boa piada na hora certa pode ter um efeito surpreendente em sua plateia e fazê-la se lembrar do que você falou.

Ensine às pessoas por onde começar

Você pode fazer uma excelente palestra, motivar o público como ninguém, mostrar a todos o que precisa ser feito, e mesmo assim as pessoas não partirão para a ação por um motivo bem simples: por não saberem por onde começar.
Você pode, por exemplo, fazer uma apresentação objetiva sobre marketing digital, que defina a importância dessa ferramenta para as empresas, e pode deixar as pessoas com vontade de usá-la em seus negócios. Se o público não tiver a mínima ideia de como começar a usar o marketing digital, é pouco provável que ponha em prática as ideias que você passou, mesmo tendo-as achado sensacionais.

Se você for um cirurgião plástico e mostrar à sua cliente a possibilidade de corrigir marcas de estrias da gravidez, ela ficará supermotivada, mas se você não disser naquele momento como começar, ela irá embora sem nem mencionar mais o desejo de fazer o tratamento.
Um médico sanitarista pode fazer uma brilhante apresentação sobre a dengue e suas consequências, e deixar a comunidade de uma cidade preocupada e motivada para agir, mas se ele não explicar como dar os primeiros passos, pode ser que as pessoas se deixem levar por outras preocupações e não coloquem em prática o que ele disse.
Depois que você motivar sua plateia, convide-a a agir e mostre o que fazer. Você acabou de convencê-la de que deveria construir a casa própria? Então mostre a ela o projeto e o contrato para assinar.
A palestra precisa levar a uma ação imediata, já que as pessoas se esquecem rapidamente do assunto que foi tratado. Pesquisas mostram que, imediatamente após uma palestra de cerca de dez minutos de duração, o ouvinte médio assimila apenas metade do que foi dito. Passadas 48 horas, esse mesmo ouvinte se lembrará, em média, de apenas um décimo do que escutou.
Uma forma de ajudar a sua plateia a agir é apresentar duas ou três ações como próximos passos para impulsioná-la a realizar os objetivos que você propôs. Quando faço a palestra

baseada no meu livro *O sucesso é ser feliz*, estimulo os participantes a dizerem obrigado aos seus pais.

Quando percebo que o grupo é formado de pessoas de muito sucesso e, portanto, muito ocupadas, peço, durante a palestra, para os participantes pegarem seus celulares e ligarem para seus pais dizendo: "Pai, estou em uma palestra do Roberto Shinyashiki e liguei somente para dizer obrigado por tudo o que você fez por mim. Eu te amo. Daqui a pouco eu ligo de novo para falar mais. Um beijo".

Colocar em prática, no ato, uma informação, faz com as pessoas experimentem as mudanças e as vejam acontecer. Apresentações de sucesso levam a ações imediatas. Uma apresentação bem resolvida e bem preparada vai lhe dar a segurança e a tranquilidade de subir ao palco com a certeza de atingir seus objetivos.

Uma forma de ajudar a sua plateia a agir é apresentar duas ou três ações como próximos passos para impulsioná-la a realizar os objetivos que você propôs

Conte histórias tocantes

Certamente, você já contou muitas histórias na sua vida. O fato é que a humanidade usa esse recurso para registrar os momentos da vida, trocar experiências, e se relacionar com os outros. Uma história bem contada nos faz viajar e sonhar. O ser humano é ávido por boas histórias.

Livrarias abarrotadas, indústria cinematográfica faturando alto, novelas e séries dando audiência altíssima, tudo isso são provas de como somos fascinados por uma história bem contada.

Hoje, no mundo das empresas, esse recurso é muito usado. As histórias ajudam executivos a se comunicar melhor, a engajar o público e a tornar informações duras e frias mais digeríveis. Elas ajudam o ouvinte a chegar às conclusões mais rapidamente e a compreender o contexto em que os fatos estão ocorrendo.

Mas uma história tem de ser boa e bem contada, ou então não surtirá o efeito desejado. O que diferencia uma história bem contada de outra sem graça é exatamente o método. Existe um método, uma técnica, para se contar histórias.

Vamos ver o passo a passo de um dos métodos mais famosos e mais usados para construir uma história, baseado em "A jornada do herói", do antropólogo Joseph Campbell. Essa

estrutura é a base de clássicos do cinema, como "A Bela e a Fera", "Matrix" e "Jornada nas Estrelas", entre outros.
Fiz uma adaptação do método de Campbell para a construção da estrutura de uma história, e organizei os seguintes momentos da trajetória do herói:

Um sonho prestes a se realizar: apresenta a situação inicial da história. Tudo está perfeito, tudo está em harmonia. Há uma satisfação do personagem principal com sua condição atual e ele se sente confortável na sua vida corriqueira.

Um drama aparece subitamente: uma súbita mudança acontece e tudo que antes parecia bom, perfeito, se transforma em pesadelo, angústia e dor. Inicia-se um processo de testar o personagem principal, atribuindo a ele situações muito difíceis que o colocam em xeque. Suas crenças, sua coragem e perseverança são encobertas por uma nuvem de incertezas, medo e incapacidade de lidar com a situação.

A dor do herói: Nesse ponto, o herói está abatido pela sua incapacidade de lidar com a situação. Seu histórico vitorioso já não faz nenhuma diferença nos acontecimentos atuais e a sensação de derrota aparece pela primeira vez de forma muito clara.

Provações, aliados e inimigos: ao mesmo tempo que os inimigos se caracterizam pela aplicação de suas perversidades ao personagem principal, surgem pessoas que se tornam verdadeiros aliados no combate ao mal e que criam uma situação de pequeno alívio e, principalmente, de esperança. São personagens que compartilham da causa, simpatizam com as dores e se dispõem a investir seu talento na ajuda da superação do personagem principal.

A perspectiva de uma solução: a intervenção dos aliados ajudando na busca de soluções e a perseverança do personagem principal criam uma situação de esperança. Possíveis soluções se constroem, atenuando o sofrimento e aumentando a esperança de uma solução com final feliz.

Uma provação maior: Quando tudo parece que está indo bem novamente, quando a solução apresentada nos passos anteriores é aplicada e seus resultados começam a gerar novamente equilíbrio e satisfação na vida do personagem principal, uma nova situação, um novo desafio, ainda mais intenso e praticamente impossível de ser superado se apresenta. O sentimento é de que todo trabalho, toda trajetória até então foram em vão. A mensagem subliminar é de que o personagem principal não tem o direito, não tem a permissão para ser feliz. Por algum motivo, seu destino deveria ser o sofrimento e a resignação com as infelicidades que vieram para determinar o fracasso definitivamente em sua vida.

A vitória e a conquista do poder sobre o medo: Como uma fênix, o personagem principal não sucumbe ao fracasso e ressurge entre as cinzas de forma milagrosa. A alegria é profunda. O senso de justiça prevalece. A conquista do direito de viver com dignidade e de ser feliz é resgatada, e o personagem principal ganha perspectiva de herói.

O renascimento do herói: Esse é o momento da consagração do herói. Sua determinação, garra, disciplina, orientação para o justo e compaixão pelas outras pessoas e pela vida são sacramentados e algo muito especial em sua trajetória alimenta e consolida sua ascensão. Um mundo novo se abre e uma vida de vitórias se realiza.

A história do herói

Veja um exemplo contado pelo meu amigo Alexandre Lacava, em seu livro *Pai, você é o cara!* (Editora Gente), sobre a história de seu filho Alan, com base na jornada do herói:

Meu filho Alan

Um sonho prestes a se realizar

Eu e Andrea, minha esposa, estávamos muito felizes. Recém-casados e deslumbrados com a lua de mel, escolhemos viajar para o Caribe por vários motivos: lugar por nós desconhecido, clima tropical, águas de tonalidades vibrantes, passeios pelas praias deslumbrantes, fim de tarde ao som da salsa caribenha e jantares à luz de velas formavam um refúgio perfeito para um casal apaixonado curtir momentos tão marcantes. As noites quentes do Caribe foram mais que inspiração para nos amarmos ardentemente.

Dois meses depois, descobrimos que Andrea estava grávida. A lua de mel foi muito melhor do que até então imaginávamos ter sido. Alegria inigualável. Os primeiros meses tornaram-se cheios de uma gostosa ansiedade e planos para o futuro filho. A gravidez mudou nossos hábitos. Andrea já não tomava o mesmo café da manhã. Os enjoos, como acontecem para a maioria das grávidas, eram constantes. A barriga, embora crescesse lentamente, era nosso maior foco de atenção. Compramos livros, estudamos comportamento de pais e filhos, e até participamos de cursos de cuidados com o bebê. Estávamos no início de nossas carreiras profissionais por isso nossa união, junto com a perspectiva da chegada de um filho, fazia de nós um casal superfeliz.

Um drama aparece subitamente

Durante o pré-natal, fazíamos visitas regulares ao obstetra e todos os exames que uma gravidez exige. No quarto mês de gestação, após um exame de ultrassom, e durante uma dessas vistas, o obstetra descobriu uma anomalia e solicitou novos exames. Preocupados, imediatamente providenciamos a solicitação e, dias mais tarde, voltamos ao obstetra. Nas palavras do médico, veio a confirmação: o feto, um menino, tinha uma má formação. Uma membrana obstruía seus ureteres impedindo-o de urinar. Sua bexiga aumentava de tamanho a cada semana e não havia sinais de diminuir. Isso causava, além de uma pressão exagerada na própria bexiga, o risco de obstrução na formação dos rins, que ainda não estavam completamente desenvolvidos.

A dor do herói

Minha decepção era clara. Estava estampada em meu semblante uma mistura de derrota, por me sentir responsável (afinal de contas, tinha gerado aquele ser), e indignação, por ser alguém que sempre usou do perfeccionismo para determinar o padrão de excelência que permeava toda minha vida. Por que eu? Por que nós? Por que ele?

Essas foram perguntas que invadiram minha mente e me deixaram confuso e inseguro. Quanto mais pensava, mais confusão se criava, e isso trazia consigo uma insegurança cada vez maior. Não conseguia lembrar no círculo dos meus amigos, na mesma idade e condição, quem já havia passado por situação semelhante. Tentava a todo custo encontrar um "porquê" que justificasse minha situação. Em minha família também não havia precedentes que explicassem essa experiência. Onde falhei? Eu sou culpado!

Provações, aliados e inimigos

Depois do susto e passado o primeiro impacto em que gastei um bom tempo me remoendo entre culpa e inconformidade, tratamos de buscar ajuda. Não sabíamos ao certo o que iríamos encontrar, nem sequer havia clareza do caminho a seguir. O obstetra da Andrea se declarou incapaz de lidar com o problema. Não era sua especialidade. Aliás, não havia especialistas nessa área. Nossa trajetória passava a não ter rumo definido.

Nosso filho que crescia na barrida de Andrea foi nossa única e maior motivação para não desistir. Iniciamos uma busca incessante por algum médico que tivesse qualquer referência nessa área e estivesse disposto a nos ajudar. Finalmente, conhecemos o doutor Vasques, um especialista em medicina fetal nas correções de fetos que apresentavam hidrocefalia, que é o acúmulo de líquido no interior da cavidade craniana, que por sua vez faz aumentar a pressão intracraniana sobre o cérebro, podendo vir a causar lesões no tecido cerebral e aumento e inchaço do crânio.

O doutor Vasques, após conhecer os aspectos do nosso caso, afirmou que, embora não fosse uma patologia dentro de sua especialidade, por causa da similaridade com a hidrocefalia, podia tentar drenar o líquido para a área externa da bexiga, assim como fazia drenando líquido do crânio, na doença de sua especialidade. Desde o início, nos informou claramente sobre as condições que enfrentaríamos. Seu plano era realizar uma cirurgia fetal, intrauterina, para instalar um dreno ligando a parte interna da bexiga do feto à parte externa, dentro da placenta. O dreno permitiria que o líquido dentro da bexiga fluísse para fora dela, aliviando a pressão e permitindo que os rins pudessem se desenvolver normalmente.

Essa intervenção trazia esperança na resolução do problema, porém o sucesso não podia ser dado como certo. Serviríamos como uma espécie de cobaia em um estudo em início de desenvolvimento. Não havia garantias. O risco estava presente e caso o resultado fosse negativo o ônus seria todo nosso. Para piorar as coisas, nosso plano de saúde se recusou a cobrir qualquer despesa nesse tratamento. Tudo, absolutamente tudo, correria por nossa conta e responsabilidade. Foi difícil arriscar até o que não tínhamos. Éramos novos e em início de carreira. Como pagaríamos aquela conta?

A perspectiva de uma solução
A cirurgia foi realizada com sucesso e o dreno cumpriu sua função. O líquido no interior da bexiga finalmente encontrou um caminho de saída e logo no primeiro ultrassom pós-operatório foi possível comprovar o fluxo do líquido de dentro para fora. Sim, muitas coisas tinham mudado, mas tudo seguia novamente bem para o nascimento do bebê. Embora atentos com seu desenvolvimento em uma condição diferenciada, estávamos felizes e vibrantes com a expectativa da chega de um bebê que, em razão dos acontecimentos, era muito mais amado ainda.
No oitavo mês de gravidez, a bolsa de líquido amniótico estourou. Nessa época, morávamos numa cidade a 40 quilômetros de distância do São Paulo. Carregamos as malas já preparadas havia semanas e iniciamos imediatamente a viagem até a maternidade localizada próxima à região da Av. Paulista. Durante a viagem, fiz contato com o obstetra, que também imediatamente se dirigiu para lá.
O acompanhamento da equipe que tratou do caso era indispensável, por que seria o momento de terminar o processo. Com o nascimento do bebê, o dreno poderia ser finalmente retirado. Todos os acontecimentos durante a gravidez obrigaram os médicos a determinar a cesariana. Não poderíamos correr o risco de que, com as contrações, o dreno saísse do lugar. A cesariana aconteceu e, para nossa grande felicidade, Alan nasceu perfeito! Seu teste de Apgar teve resultado 10. Trata-se de um teste simples e eficiente de medir a saúde do recém-nascido e de determinar se ele precisa ou não de alguma assistência médica imediata. O teste dá a nota às condições do recém-nascido depois de um e de cinco minutos do parto.
Para nós, era como um milagre. Alan estava perfeito e gozava de plena saúde. Acompanhei-o no berçário. Coloquei-me ao seu lado e passei a admirá-lo, agora também por meio de sua imagem em meus olhos.

Uma provação maior

Após uma hora e meia, para nossa surpresa, chegou uma notícia inesperada: os rins, mesmo tendo funcionado após a cirurgia fetal, haviam ficado comprometidos. Sua formação ficou prejudicada nos primeiros meses antes de o dreno ser colocado, e nos meses seguintes seu organismo em desenvolvimento não deu conta de corrigir tal situação.

Uma hora mais tarde, ou seja, três horas após seu nascimento, os rins tinham somente 30% de funcionamento. Embora não quisesse admitir, meu desespero já havia me consumido novamente. Sabia que essa condição tornaria a vida de todos, e principalmente a dele, em um caminho muito delicado de seguir. Mais uma hora e meia, o que significam quatro horas e meia após o parto, os pulmões começaram a dar sinais de fraqueza, provavelmente em consequência dos problemas nos rins. Com sete horas de vida, os pulmões apresentavam um funcionamento muito debilitado. Meu desespero e angústia aumentavam na mesma proporção que seus órgãos deixavam de responder aos sinais vitais de funcionamento.

Com apenas dez horas de vida, e uma luta digna de uma vida inteira, seu coração já não batia com ritmo suficiente para mantê-lo vivo por muito tempo. Pouco mais de 10 horas foram o suficiente para Alan deixar seu legado e mostrar-nos que a vida é breve, às vezes muito, muito mais do que se possa imaginar. Alan teve falência múltipla de órgãos e morreu ainda na UTI neonatal da maternidade em que nasceu. Diante de meus olhos molhados, de meu coração destruído e do meu total desespero de pai, completamente impotente na missão de gerar um filho saudável, senti Alan ir embora para sempre.

Eu e Andrea não éramos fortes o suficiente para confortarmos um ao outro. Não havia palavras de consolo ou sentimentos de compaixão que amenizassem nosso sofrimento e nossa dor. Choramos, muitas vezes juntos, em outras, escondidos pelos cantos da casa, durante três dias e três noites quase sem cessar. Mal conseguíamos nos alimentar. Nos sentíamos fracos no corpo, na mente e no espírito. Já muito cansados, exauridos de energia, quando conseguíamos, adormecíamos mergulhados no pesadelo que estávamos vivendo acordados.

A vitória, a conquista do poder sobre o medo

Dizem que as feridas não desaparecem, mas que com o tempo são cicatrizadas. Quatro meses mais tarde, sem saber que Andrea alimentava a ideia de engravidar novamente, sua nova obstetra deu autorização para

que ela engravidasse. Andrea sempre teve como característica a praticidade. Com o desejo de ser mãe não preenchido, incompleto, fixou a ideia de que queria imediatamente engravidar. Relutei, não admitia concordar com essa ideia. Achava arriscado demais. Afinal, havíamos acabado de viver uma experiência traumática e não tínhamos certeza de que o problema congênito poderia ou não voltar a acontecer.
Andrea, por sua vez, não aceitava qualquer argumento para não engravidar novamente. Seu instinto de mãe era mais forte que qualquer ponderação lógica sobre riscos envolvidos, e seu único desejo era objetivo e muito claro. Creio que ao perceber que nosso casamento poderia também começar a ruir por conta desse impasse entre nós, mesmo com todos os receios de um pai que viu um filho morrer em seus braços, acabei concordando, buscando e me preenchendo de forças para enfrentar o que viesse pela frente.

Novo mundo se abre. O nascimento do herói
Este ano completamos 20 anos de casados. Hoje temos três filhos lindos, perfeitos e saudáveis. Caio, com 17 anos, já cursa o primeiro ano da faculdade. Cauê, com 15 anos, é o relações-públicas da família, e se comunica como ninguém. Carolina, de 13 anos, é uma princesa em forma de filha. Temos uma maravilhosa e amada família. Descobri com o tempo que Alan nunca nos deixou. Sempre esteve presente. Permanece intensamente amplo e vivo no sentimento de união e amor que cultivamos em nossa família. Obrigado, meu filho. Estaremos sempre juntos, assim como agora...

Recursos para turbinar sua apresentação

Agora que você aprendeu a construir todo o conteúdo para fazer a sua argumentação, é hora de deixar sua apresentação ainda mais apaixonante. Com a estrutura da mensagem montada, chegou o momento de turbinar sua palestra.

A maioria das pessoas que faz apresentações não constrói seu material com cuidado, e simplesmente sai falando suas ideias sem criar pontos de ancoragem para as pessoas poderem reter a essência da sua mensagem.

Porém, hoje em dia, é quase inconcebível não usar recursos técnicos e audiovisuais para dar força à sua mensagem. Por exemplo, quando você pesquisa na internet um hotel para se hospedar, percebe que em seu site há vários recursos para incentivar sua compra: informações, fotos, mapas da localização, vídeos com comentários de pessoas que se hospedaram, história do hotel, características do bairro, e vários outros argumentos para fazer você apertar o botão de compra.

Você tem de ter a mesma estratégia em sua apresentação, e usar uma série de recursos que levem seu cliente a apertar o botão de compra no final da sua apresentação. Vamos discutir quais são eles.

Esses recursos vão deixar sua plateia envolvida e energizada. Quando falamos em manter a energia no ambiente da palestra, podemos dizer que existem dois tipos básicos de palestrantes:

- O *palestrante carrossel*, que dá uma palestra monótona (lembra bem aquela música sempre igual que toca no carrossel). Quem faz esse tipo de apresentação usa sempre o mesmo tom de voz, não envolve o público, dá sono e ninguém presta atenção nele.

- O *palestrante montanha-russa*. Ele trabalha com energia, variando a entonação da voz, a postura, os recursos e o envolvimento do público. Dá vida à palestra e faz com que as pessoas fiquem grudadas na apresentação, esperando pelo momento seguinte. Mexe com as emoções de todos, exatamente como uma montanha-russa, que envolve e empolga a pessoa do começo ao fim do passeio.

Você precisa usar uma série de recursos que levem seu cliente a apertar o botão de compra no final da sua apresentação

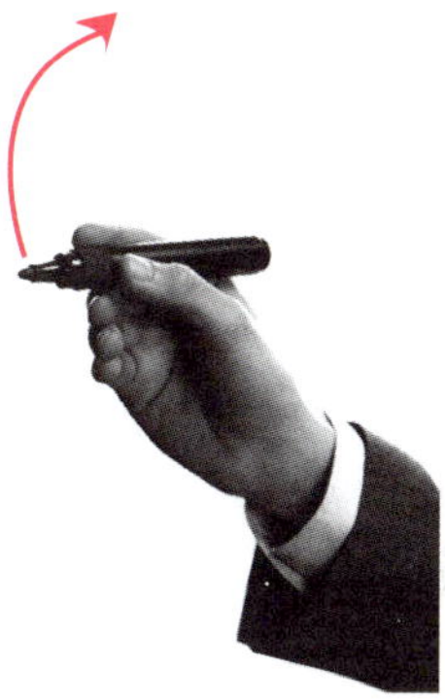

É claro que você tem de ser um palestrante tipo montanha-russa! É assim que você vai conseguir atingir os objetivos planejados para a sua apresentação. Para isso, você precisa elaborar roteiros que tenham altos e baixos, suspense e diferentes tipos de emoção.

Existem diversos recursos que você pode utilizar para manter a plateia atenta: vídeos, fotos, mágicas, músicas e artifícios que mexam com a emoção das pessoas. É importante não exagerar nem rebuscar demais. Esses recursos garantem momentos especiais, mas só devem ser colocados se realmente tiverem um papel relevante. Caso contrário, vai parecer que você está sem assunto e precisa colocar algo na palestra para passar o tempo.

Então, mesmo que você tenha vários recursos relevantes, não use todos em uma mesma palestra. Escolha sempre os dois ou três melhores e mais adequados, e eles causarão um impacto muito mais positivo na sua apresentação.

Eu, particularmente, turbino minha palestra da seguinte maneira: assim que tenho escrita a estrutura da mensagem, começo a preencher cada uma das etapas com exemplos, casos, fotos, vídeos etc.

Para facilitar seu trabalho, listo aqui alguns pontos em que você deve focar para turbinar sua apresentação e garantir que ela realmente funciona e toca seu público.

Título forte

O impacto tem de começar com o título da palestra. O nome da apresentação tem de ser baseado na sua ideia central e precisa ser forte e vendedor para atrair as pessoas. Talvez ele não surja de imediato, mas, certamente, depois que você mergulhar no conteúdo da sua apresentação e montar a estrutura da sua palestra, será mais fácil chegar ao nome ideal. Bons títulos, em geral, executam algumas dessas ações:

- Fazem uma promessa forte para resolver um problema (Exemplo: *Trabalhe 4 horas por semana, fuja da rotina, viva onde quiser e fique rico*)

- Dão uma direção ou informação (Exemplo: *Os sete hábitos das pessoas altamente eficazes*)
- Provocam um pensamento ou despertam curiosidade (Exemplo: *Problemas? Oba!*)

Quer saber se o nome que você escolheu tem impacto e é vendedor? Conte para as pessoas e peça a opinião delas. Se você tiver de explicar qual é o conteúdo da sua apresentação, é sinal de que o título não está objetivo e precisa ser trabalhado um pouco mais.

Vamos imaginar que você esteja formatando uma apresentação sobre como aumentar as vendas da empresa usando as redes sociais. Se você colocar o nome "As redes sociais e seu negócio" será uma boa opção?

Perceba que o nome é bom, mas é muito amplo e fraco no impacto. Precisa de mais energia. Se você está falando de vendas, sobre aumentar os lucros e ganhar dinheiro, aprimore sua ideia, com algo do tipo "Como multiplicar suas vendas com as redes sociais" ou "Venda mais com as redes sociais".

Vídeos tocantes

Um vídeo sempre é um grande aliado para você contar uma boa história ou causar um impacto positivo no seu público. Um vídeo pode tocar, comover, emocionar, esclarecer, exemplificar.

Vídeos precisam ser preparados bem antes, seguindo exatamente o roteiro da palestra. Eles precisam ser bem cuidados, bem selecionados, de boa qualidade, relevantes para o tema e tão originais quanto possível, para evitar os erros grosseiros que normalmente as pessoas cometem em suas apresentações, quando não sabem escolher e usar qualquer coisa.

Gosto muito de colocar um vídeo antes de começar minhas palestras. Isso ajuda a audiência a entrar no clima, a conectar-se comigo e a se preparar para o que virá.

Antes da conclusão da minha apresentação, também uso muitas vezes um vídeo para ajudar a criar uma condição para estimular o público a fixar as ideias que passei.
Sua experiência e sua sensibilidade lhe dirão qual vídeo deve ser usado e em que momento. Planeje isso com cuidado e tire os melhores resultados desse recurso.

Fotos criativas

Aqui vale o ditado "uma imagem diz mais do que mil palavras". Tire proveito disso e escolha três ou quatro fotos significativas para a sua apresentação, para intercalar com seus *slides* de texto.
Mas muito cuidado: não pode ser uma foto qualquer, sem qualidade, ou que já tenha sido vista à exaustão na internet. Escolha as fotos a dedo, para causar impacto e conquistar mais seu público.
Cada detalhe tem de vibrar por si só. Por isso, se for usar fotografias ou ilustrações, garanta que elas tenham boa definição, sejam bonitas esteticamente, impactantes e ajudem a passar sua mensagem.

Músicas, depoimentos, mágicas e dinâmicas

Há ainda outros recursos que podem ser usados para tornar sua apresentação mais interessante.
Músicas podem ser usadas, desde que sejam condizentes com o clima que você quer criar no seu público. As músicas, assim como os vídeos, podem ajudar a criar climas emocionais bem interessantes. Você precisa imaginar que é uma trilha sonora de sua apresentação, e planejá-la com coerência.
Depoimentos podem ser gravados em vídeo e são úteis para atestar o funcionamento das ideias que você está propondo, ou exemplificar e complementar o tema de sua apresentação.
Mágicas e truques são recursos que podem ser utilizados para prender a atenção da plateia. Precisam ser simples, fáceis de fazer e que realmente funcionem. Servem como elementos para você surpreender a plateia e capturar seu interesse de modo mais eficaz em momentos decisivos da apresentação.

Mas cuidado: existem os mágicos que fazem palestra e os palestrantes que usam mágicas. Muitos mágicos não conseguem fazer carreira nas convenções organizacionais porque baseiam sua apresentação apenas nos truques. No dia seguinte, as pessoas que assistiram simplesmente se lembram de que houve um mágico interessante.

Mas quando um palestrante tem uma mensagem forte e usa mágica, as pessoas se lembram bastante da mensagem. Elas comentam coisas do tipo: "Você viu o que o palestrante falou? Quando tudo parecer impossível, lembre-se que sempre existe uma saída".

Dinâmicas são atividades individuais ou em grupos que visam aproximar as pessoas, ligá-las ao tema e gerar energia para a palestra. Também são bons elementos para dar movimento a uma apresentação. Mas não abuse delas!

Um palestrante campeão sabe como organizar suas apresentações usando de maneira bem dosada vários desses recursos apresentados, e mesmo outros recursos inovadores. Com criatividade e bom senso, você vai costurando uma palestra inesquecível.

Um palestrante campeão sabe como organizar suas apresentações usando de maneira bem dosada vários recursos

Slides impactantes

Os *slides* são parte importante na construção de uma palestra de sucesso. Por isso, sempre tenha uma série de *slides* impactantes. Eles ajudam você a se situar durante a palestra, além de facilitar que a plateia acompanhe seu raciocínio e entenda o contexto em que cada tópico se encaixa.

Mas guarde algo muito importante: os *slides* não podem ser a bengala na qual o palestrante se apoia quando não se preparou adequadamente. Vamos falar sobre os cuidados a serem tomados com esse recurso.

Use poucos slides

Existem apresentadores que usam mais de cem *slides* para falar durante 15 minutos. Isso é perder a oportunidade de criar vínculo com as pessoas, pois elas precisam olhar para você e, de vez em quando, olhar para os *slides*.

Muitos *slides* são uma bomba relógio. Certa vez, em São Luiz do Maranhão, um palestrante começou sua apresentação e começou a passar seus *slides*. Eram mais de 150. Quando faltavam 15 minutos para terminar a palestra, ele se deu conta de que ainda faltavam mais de cem para serem passados, e começou a correr na projeção deles. Quando o público percebeu que ainda faltavam muitos *slides*, começou a cobrar que o palestrante falasse sobre cada um deles. Começou, então, uma série de reclamações, e o final da apresentação foi uma bagunça, com pessoas saindo da sala.

Em outra ocasião, um palestrante abriu um evento em que iriam falar mais outros dois apresentadores na sequência. Ele começou a passar os mais de cem *slides* que tinha feito, e o tempo foi passando. Com o público já impaciente, ele começou a extrapolar o tempo da palestra, e o organizador do evento, no fundo da sala, pulava fazendo sinais para ele terminar. Depois de mais de uma hora de atraso, os outros palestrantes já estavam chateados com a falta de respeito dele. Final da história: muita confusão, gente indo embora antes do final e pedindo o dinheiro de volta.

Ter de 20 a 30 *slides* é mais que suficiente se sua apresentação tiver aproximadamente 60 minutos. E lembre-se: nenhum dos grandes discursos da humanidade é lembrado por seus *slides*, mas sim pela forma como a mensagem foi transmitida.

Menos é mais

Efeitos tecnológicos são poderosos para conquistar a atenção do público, mas o bom gosto tem de imperar, porque isso pode tirar a atenção do que você está falando.

Há uns vinte anos, houve a moda dos fogos de artifício no final das palestras nas grandes convenções. Achei isso chiquérrimo, ainda que perigoso quando feito em espaços fechados.

Mas, depois de um tempo, alguns palestrantes exageraram e colocaram várias vezes durante a apresentação. Ficou parecendo uma noite de *réveillon*. Em vez de prestar atenção à mensagem, as pessoas ficavam embevecidas ou preocupadas com os fogos de artifício. Eu imagino que em um desses grandes eventos tenha acontecido um enorme incêndio e a moda passou.

Com seus *slides*, indico a mesma coisa: poucos fogos de artifício para não parecer uma festa junina no arraial. Tudo tem de ter bom senso, pois exageros acabam fazendo que você seja lembrado pelo efeito especial e não por sua mensagem.

Não se esqueça de que todos os recursos devem ser usados para você vender sua mensagem e não para fazer um espetáculo sem conteúdo.

Por isso, nos *slides*, escolha uma cor para o fundo da tela e, no máximo, duas cores para as letras. Assim você evita uma apresentação carnavalesca e grosseira. E lembre-se de sempre usar cores contrastantes entre o fundo e as letras, para dar boa leitura.

Use dois tipos de fontes apenas

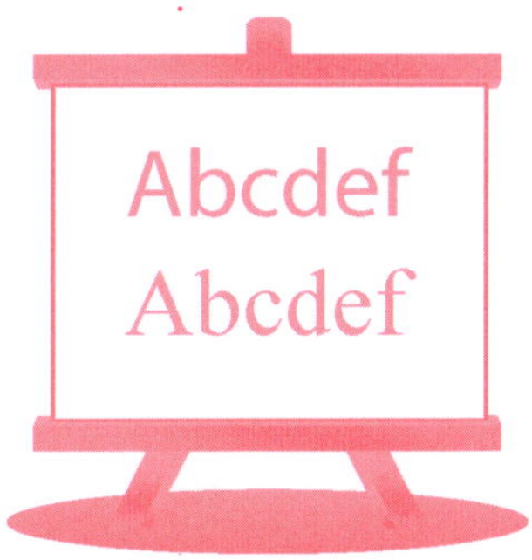

Escolha no máximo dois tipos de fontes para o que está escrito, sem muito rebuscamento, para que possa ser lido de longa distância. Eu, particularmente, acho que a fonte deve ser grande o suficiente para ser vista de qualquer lugar, e com qualquer intensidade de luz.

Não misture muitas fontes para não poluir a mensagem. As letras não devem chamar mais atenção do que aquilo que está escrito.

Algumas fontes que eu recomendo usar, por darem melhor leitura, são a Impacta em caixa alta (a minha preferida), a Helvética e a Arial.

Use seu poder de síntese

Muito texto e marcadores em excesso deixam a apresentação chata ou sonolenta. Se um *slide* estiver abarrotado de informação e com letras pequenas, ele não vai funcionar.

Os norte-americanos usam o que eles chamam de “Regra 5 por 5”: nunca coloque mais que 5 frases por *slide* e nunca mais que 5 palavras por frase. Esse é um excelente conselho para construir seus *slides*. Para conseguir fazer essa síntese da sua mensagem, comece a listar as palavras-chaves e as frases que contêm a essência do que você vai apresentar. Pense sempre que o objetivo é fazer com que público guarde as ideias principais da sua apresentação.

Apenas uma ideia por slide

Use o conceito das minipalestras aqui. Muitos especialistas em palestras dizem que uma apresentação de 50 minutos deve ser uma série de aproximadamente 15 minipalestras de 3 a 4 minutos.

Eu concordo totalmente! Por isso, construa suas minipalestras com ideias específicas e monte-as como faz com as peças daquele brinquedo Lego. Cada minipalestra tem seu slide, e cada slide, sua ideia.

Inclua gráficos e tabelas

Muitas pessoas reagem melhor a sinais visuais do que ao texto corrido, ou listas de números. Por isso, um gráfico objetivo pode ajudar a transmitir sua ideia de modo ainda mais eficaz. Mas, se você tiver muitos números e informações, resista à tentação de colocar o gráfico inteiro no slide. Faça uma versão simplificada, com os dados principais, e distribua apostilas com as informações detalhadas. Você também pode indicar sites para que seu público tenha acesso a elas. Duas tabelas são mais que suficientes para mostrar o que você quer dizer.

Agora que você preparou cada um dos detalhes da sua apresentação é chegada a hora de treiná-la com intensidade, para que tudo esteja na ponta da língua.

7 Passo 3: Treinar

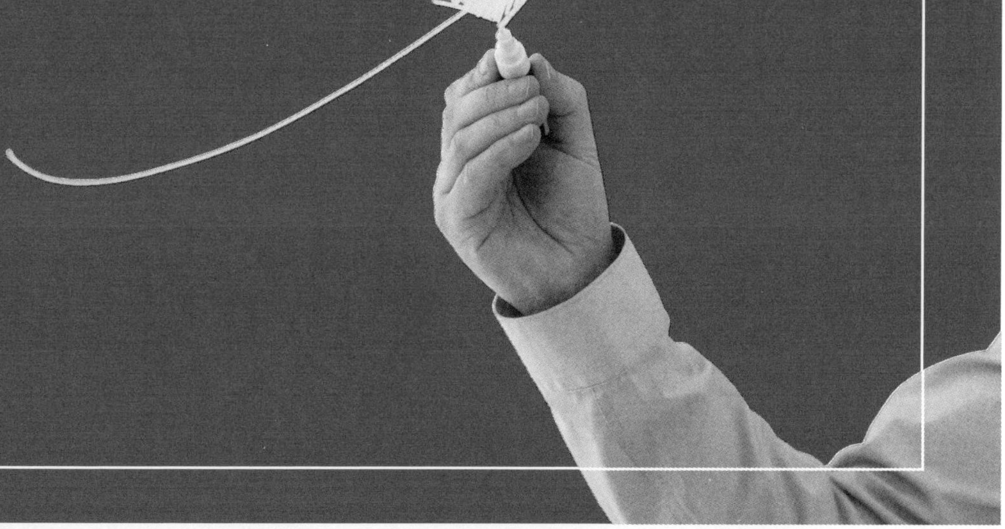

Chegou o momento de treinar o que você organizou e desenvolver sua performance para a apresentação.

Há algum tempo, uma das maiores redes de supermercados do país me pediu uma série de nove palestras para seus gerentes, baseadas em meu livro *Problemas?Oba!*.

O objetivo dessas palestras era convencer as equipes dos supermercados a resolver os problemas dos clientes para que eles se tornassem fiéis à marca e, principalmente, mostrar aos funcionários que clientes felizes dão mais lucro porque voltam sempre, como escrevi no livro.

A partir da definição desse objetivo, preparei o conteúdo com um toque de humor, como me foi solicitado. Comecei então a fase de treinamento.

Quando fiz as primeiras apresentações para minha equipe, ouvi deles que as ideias não estavam bem contextualizadas para uma rede de varejo. Então, fiz novas pesquisas para conhecer a realidade do setor e encontrar informações que

convencessem o público-alvo de que seria mais fácil atingir suas metas se eles conseguissem que seus clientes ficassem felizes.

Criei duas frases que ficaram muito interessantes: “Clientes mal atendidos trocam de supermercado” e “Clientes frustrados não compram mais em nossas lojas”.

Nos treinos seguintes, as pessoas que me assistiram reclamaram que a apresentação estava muito séria. Trabalhei mais, melhorei as piadas e meu desempenho ao contá-las. Em seguida, convidei alguns amigos do setor varejista – meu público-alvo – para assistir a essa nova apresentação. Eles fizeram mais alguns comentários sobre a linguagem, que precisaria estar mais próxima à usada pelo pessoal do varejo.

Fiz mais ajustes e voltei a treinar. À medida que treinava, ia me sentindo mais à vontade com essa apresentação, que foi ficando cada vez mais consistente. Até que concluí os acertos e já havia treinado o suficiente para fazer uma excelente apresentação.

Esse processo de treinamento e aprimoramento é semelhante à construção de uma peça de teatro, em que o diretor vai aperfeiçoando o espetáculo ao longo dos ensaios e os atores vão melhorando seu desempenho no palco e ficando mais seguros com sua atuação.

Talvez você seja um empresário ocupadíssimo e esteja pensando neste momento: “Eu não tenho tempo para gastar com todos esses preparativos, mesmo porque não sou um palestrante profissional. Falo somente uma vez por ano na convenção da minha empresa e não importa muito como minha apresentação vai ficar”.

Mas é aí que você se engana. Pelo fato de precisar falar uma vez só por ano é que você tem de “arrasar”. Lembre-se: é sua empresa e sua equipe. O que você falar na convenção anual irá nortear essas pessoas durante um tempo considerável. Por isso, sua apresentação tem de ser fulminante!

Além do mais, com o tempo você vai descobrir que faz apresentações o tempo todo, seja para seus diretores, para seus clientes e até para sua família. Quanto mais você se preparar e treinar, mais natural será sua apresentação e, portanto, mais poderosa.

A sabedoria popular diz: a prática conduz à perfeição. Eu digo que ela traz também segurança.
A maior causa do medo de falar em público é a falta de treino. Até mesmo eu, depois de tanto tempo fazendo palestras, vou me sentir inseguro se não me preparar e nem treinar direito uma apresentação.
Treinar a apresentação possibilitará que você aprimore a estrutura da mensagem e tenha uma performance de palco cada vez melhor.
Existem dois tipos de treinamento que podem ser feitos:

Treinar a apresentação possibilitará que você aprimore a estrutura da mensagem e tenha uma performance de palco cada vez melhor

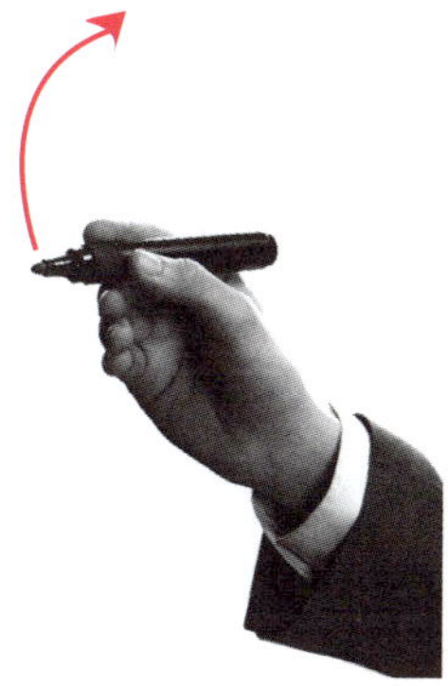

Treinamento do conteúdo: é quando você treina focando nas informações que organizou, até ter certeza de que o texto está ótimo e, principalmente, que tem segurança de que ele está memorizado.

Treinamento do desempenho: é quando você treina a performance de palco, pratica toda a sua movimentação, o tom de voz, gestuais, postura, fluência do texto na fala, sincronização com os elementos audiovisuais como *slides*, vídeos etc.

Você pode também fazer treinamentos solitários ou treinamentos com público. Os treinos solitários são importantíssimos, mas poucas pessoas têm disciplina para realizá-los. Por isso, cada vez que você treinar por conta própria, vai dar um passo para superar seus concorrentes.
Eu continuo fazendo os treinamentos solitários para perceber alguns detalhes que somente observamos com esse tipo de treino.
No treinamento com público, você convida pessoas, como colegas, amigos e até clientes, para assisti-lo, para fazer comentários e dar sugestões, tanto sobre a estrutura da apresentação quanto sobre seu desempenho no palco.
Esses treinos em que há outras pessoas assistindo podem ser mais animadores, já que a tendência é o palestrante investir mais energia na sua preparação, por saber que há pessoas que se comprometeram em ajudá-lo.

Treinando sozinho

Esse tipo de treinamento é o melhor para as primeiras vezes em que você for treinar, porque vai deixá-lo mais à vontade.

Você pode treinar imaginando que está falando para uma plateia. Para isso, simule o local em que acontecerá a apresentação em uma parte da sua sala, de seu quarto ou de seu local de trabalho. Memorize o texto e vá falando cada vez mais naturalmente.

Fale em frente a um espelho para ver o que seu público estará assistindo. Use um microfone de verdade e coloque a roupa que você vai usar no dia da apresentação. Se for usar *slides*, providencie o computador e o projetor. Ou seja, prepare todo o contexto e o ambiente da maneira mais fiel possível ao que será no dia da sua apresentação.

Se sua apresentação tiver 60 minutos, faça, a princípio, treinos na metade desse tempo, porque os pontos que precisam ser melhorados já ficarão aparentes logo no começo de seu desempenho.

A seguir, vá melhorando o texto, as falas, o uso dos recursos audiovisuais e sua performance de palco. Depois de algumas vezes treinando dessa maneira, faça a apresentação com a duração real que ela vai ter.

Em uma segunda etapa do seu treinamento, grave sua apresentação em vídeo e procure assisti-la logo depois de fazê-la.

Dessa maneira, você vai poder observar os detalhes da sua apresentação e saber como melhorá-la.

Treinando com plateia

Os treinos com plateia, ou seja, com pessoas convidadas para assistir você praticando, também merecem alguns cuidados. Nos primeiros treinos, convide pessoas muito amigas, pois dessa maneira você ficará mais à vontade tanto para fazer a apresentação quanto para receber as críticas e sugestões.
Só em uma segunda etapa convide possíveis clientes. Se você é um vendedor, um profissional liberal ou um empresário, convide seus clientes em potencial para assistir à sua palestra e diga a eles que você os convidou porque representam a razão de seu trabalho. E que você precisa de uma orientação concreta deles para realizar seu objetivo de fazer uma apresentação poderosa.

Quando alguém fizer uma crítica, sorria e diga obrigado. Isso vai estimular a pessoa a aprofundar sua análise

Seja inteligente: aproveite as críticas

Aproveite a ajuda de seus convidados e tenha a mente aberta para ouvir as críticas que eles vão fazer. Seja inteligente para receber com gratidão o que as pessoas disserem. Infelizmente, a maioria das pessoas só quer ser elogiada e acaba perdendo a oportunidade de se aperfeiçoar. Elogios são importantes porque elevam a autoestima, mas elogios vazios, inadequados, destroem a autoconfiança.
Durante minha vida como editor, fui contratado várias vezes para dar pareceres em textos de futuros autores e observei que a maioria me contratava para eu dizer que seu livro estava ótimo, mesmo quando, na verdade, estava sofrível.
Se você tiver essa atitude de não querer ouvir críticas, vai perceber que as pessoas no início vão criticar, mas depois, quando virem que você somente quer elogios, vão começar a falar o que você quer ouvir e não o que você precisa escutar.
Quando alguém fizer uma crítica, sorria e diga obrigado. Isso vai estimular a pessoa a aprofundar sua análise. Na verdade, criticar dá muito trabalho e é importante que você mostre o quanto é grato por essas orientações.

O melhor elogio é conseguir fechar um negócio

Quando convido pessoas para participar dos treinos das minhas apresentações, aviso logo que não estou esperando que elas façam elogios, pois o maior presente que elas podem me dar são suas críticas.

Eu sei que se eu fizer uma bela apresentação, os elogios virão na forma de contratos e negócios fechados. Na verdade, não adianta as pessoas elogiarem sua apresentação e, na hora H, ninguém comprar seu produto.

Os elogios que realmente importam são as ações dos expectadores das apresentações:

- Se você está apresentando um projeto ou um produto para o cliente, o melhor elogio é ele comprar o que você vende e não simplesmente dizer que adorou o que você falou.
- Se você é um executivo, o verdadeiro elogio é sua equipe trabalhando até no final de semana para conseguir entregar o projeto dentro do prazo.
- Se você é um político, o maior elogio é conseguir o voto da população na eleição.
- Se você é um escritor, o grande elogio é ver seu livro na lista dos mais vendidos e não os amigos dizendo que o responsável pelo encalhe foi um erro de distribuição.

Em resumo, a fase de treinamento da apresentação não tem como objetivo conseguir aplausos, mas sim construir uma palestra poderosa.

As apresentações têm de ser um show com muito conteúdo

As apresentações poderosas combinam dois tesouros: conteúdo profundo e uma boa performance de palco. Por isso, durante a fase de treinamento, você precisa repassar e completar o conteúdo onde for necessário, e aprimorar as técnicas que possam lhe proporcionar uma excelente performance de palco.

Há palestrantes que mostram somente que conhecem muito de seu assunto, e frequentemente fazem apresentações chatas. Um exemplo típico são alguns professores acadêmicos que confiam tanto em seu conhecimento que não se dão ao trabalho de falar com paixão e capricho sobre suas ideias.

Muitas vezes, outro desequilíbrio acontece com alguns palestrantes que vêm da área de vendas: um desempenho de palco bom e forte, mas vazio em conteúdo.

Treine para ser capaz de alimentar o cérebro de seu público com ideias, o coração dele com inspiração e os olhos com uma bela apresentação enriquecida com *slides*, fotos e vídeos. Proporcione ao público uma experiência sensorial completa e eficaz, que o faça agir na direção que você pretende.

Invista seu tempo em preparar e treinar um conteúdo profundo integrado com um maravilhoso desempenho. Você vai trabalhar um mês com força total, mas vai lucrar durante muitos anos com sua apresentação.

Para você "arrasar" no palco, é importante:

- Treino para incorporar todo o conteúdo da palestra
- Treino para ter posse do palco
- Treino para construir vínculo com o público
- Treino para manter o nível de energia alto

As apresentações poderosas combinam dois tesouros: conteúdo profundo e uma boa performance de palco

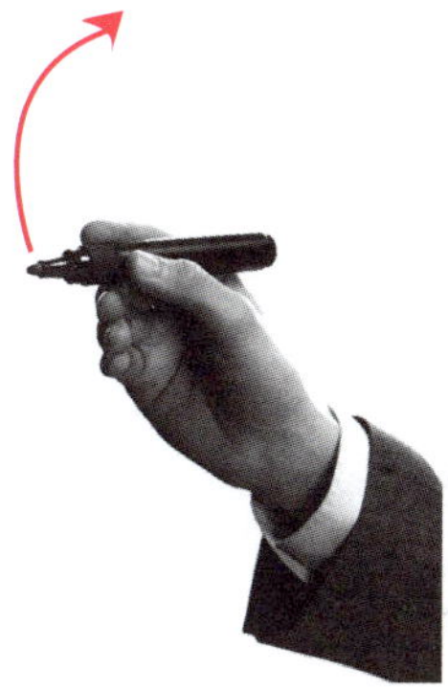

Treino para incorporar todo o conteúdo da palestra

Um dos pontos mais importantes aqui é você ter na ponta da língua o conteúdo da sua apresentação. Treine até ter tudo o que você preparou totalmente decorado, como as informações, os casos, as histórias, a apresentação do problema, causas, sua solução, motivação, conclusão etc., para você mostrar a familiaridade de quem é uma autoridade no tema.

Faça como os alunos que estudam para o vestibular: fale em voz alta as matérias e repita seu conteúdo para decorá-lo, até ficar à vontade falando sobre ele. Uma boa parte dos treinos individuais deve ser dedicada somente a memorizar e ficar à vontade com todas as informações que você coletou e organizou quando preparou sua apresentação.

Quando você falar seu texto para a plateia, ele tem de estar tão profundamente interiorizado e natural que vai parecer que você fala sobre isso há décadas. Sua apresentação tem de estar tão incorporada por você quanto o texto de um monólogo está enraizado na alma de um ator.

Você provavelmente deve estar querendo me perguntar: "Roberto, como eu consigo esse efeito?".

A resposta é: com muito treino e paixão de quem sabe que vai ajudar pessoas a mudarem sua vida.

Treino para ter posse do palco

O palestrante tem de entrar no palco – mesmo que ele seja apenas um espaço em uma sala de reuniões – com a força com que uma Fernanda Montenegro entra para fazer um espetáculo de teatro. É impossível não ter vontade de aplaudi-la. Você tem de entrar para fazer sua apresentação com a tranquilidade de um sacerdote rezando uma missa. Ele representa o sagrado e ninguém entra naquele espaço sem sua permissão. Você precisa treinar sua apresentação até o ponto em que, quando começar a falar, sua presença seja tão forte que todos façam silêncio para escutá-lo. As pessoas querem alguém que elas possam admirar; então, treine muito para ser esse alguém.

A posse do palco nasce da certeza de que você é a melhor pessoa para estar lá na frente falando para aquelas pessoas naquele momento e situação. Tenha claro que você tem de entrar com tudo, porque não existe tempo para fazer aquecimento quando você estiver lá começando a falar.

Sua atuação nos três primeiros minutos da apresentação vai decidir como as pessoas vão acompanhá-lo pelo resto da sua palestra. Não aja como aquele time de futebol que entra em

campo distraído e toma um gol logo no início do jogo e tem de passar o resto do tempo correndo atrás do prejuízo.

Marque sua presença física

Para ter posse verdadeira de palco, também é importante que sua presença física seja marcante, envolvente, contagiante. Isso depende, muitas vezes, de detalhes que em geral deixamos passar sem nos darmos conta. Vou falar de alguns deles. Seu corpo tem de mostrar que você é um exemplo de sucesso. Portanto, cuide de sua aparência, postura, atitude e saúde. Procure se exercitar para ter e mostrar sua energia e vitalidade. Descanse bem antes de chegar à palestra e suba ao palco com um olhar firme e uma postura imponente, porém sem ser arrogante.

Trabalhe seu corpo, sinta-se bem, disposto e saudável. Além do mais, você precisa demonstrar, com sua presença física, uma congruência com o que está falando. Se estiver falando sobre enfrentar um desafio, seu corpo precisa transmitir firmeza. Se você está falando de uma dificuldade, seu olhar tem de transmitir compreensão. Seu corpo todo fala e sua linguagem corporal diz muito, e muito mais claramente que sua voz. Procure cuidar para que ela diga o mesmo que suas palavras.

Fique atento à sua voz, ao tom e à velocidade de sua fala. Procure ser natural de todas as maneiras, mas demonstre potência e assertividade. Tire proveito das pausas de pensamento, que fazem a audiência refletir sobre o que você acabou de falar.

Como postura, adote o hábito de ficar de frente para a plateia, ombros erguidos, ligeiramente curvados para a frente, em uma demonstração de que você é acessível, receptivo e amistoso.

Gestos comedidos e alternados, de acordo com a entonação e com o volume da sua voz, e de acordo com o que está sendo falado, criam mais sintonia e aproximam você do público.

Cuide de sua expressão facial. Treine bastante para ter expressões agradáveis e coerentes com aquilo que você fala, pois isso reforça o que você diz. Todos acham, por exemplo, muito inadequado quando veem na TV um repórter dando uma notícia triste com um meio-sorriso nos lábios.

Movimente-se demonstrando energia, ação e maestria, de modo a ser seguido pelos olhares da plateia, que tentarão sempre adivinhar seu próximo passo. Não seja previsível, surpreenda sempre. Cause impacto e admiração. Isso cria expectativa no público, que ficará muito mais ligado ao andamento de sua apresentação.

Não faça sua apresentação como se as pessoas estivessem ali lhe fazendo um favor por assisti-lo. Você precisa ter consciência do valor que vai oferecer à plateia

Movimente-se com segurança

Treine sua movimentação no palco para que ela seja firme e segura. Além da sua voz e da sua maneira de olhar as pessoas, seu jeito de caminhar também vai mostrar a todos que você sabe como ajudá-los.

Transmitir segurança para as pessoas em todas as suas manifestações é importante. É como um grande cirurgião, que fala que o paciente vai ficar curado após a cirurgia, ou como um competente engenheiro quando fala que o prédio vai ficar pronto no prazo. Se você se sentir seguro, o público se sentirá seguro.

Não faça sua apresentação como se as pessoas estivessem ali lhe fazendo um favor por assisti-lo. Você precisa ter consciência do valor que vai oferecer à plateia. Então, enquanto você constrói, testa e treina sua performance de palco, busque elementos para reforçar e renovar a segurança que você tem em si mesmo, no quanto sabe e em tudo o que você tem para oferecer ao público.

Procure perceber, sentir e observar onde estão suas inseguranças e trabalhe no sentido de eliminá-las. Lembre-se que 90% da insegurança que você sente é falta de treino.

Quando se movimentar, procure sempre o meio termo: nem ficar andando muito de um lado para o outro freneticamente (o que faz a plateia se sentir em um jogo de pingue-pongue),

nem ficar parado, como se estivesse fazendo um monólogo dramático em um teatro.

Também não fique parado, olhando para os *slides* e lendo o que está lá, porque isso demonstra insegurança em relação ao conteúdo e falta de consideração com seu público. Treine até que você não precise do auxílio dos *slides* para ter um excelente desempenho.

Ao ficar parado, apoie-se nos dois pés com equilíbrio. Ao andar, faça isso com firmeza e altivez, como se fosse um modelo andando pela passarela, magnetizando o olhar de todos.

Treine usar sempre um lado do palco para falar coisas mais leves e bem-humoradas e o outro para falar sobre assuntos que exijam mais reflexão. Sua plateia irá acostumar-se com essa regra e estará preparada para receber cada tipo de informação, conforme você se movimenta.

Treino para construir vínculo com o público

Você precisa criar uma forte sintonia com seu público. Quando falo sobre isso, lembro-me de uma cantora que eu adorava, chamada Nara Leão. Ela não era muito afinada, mas tinha carisma e uma capacidade de criar cumplicidade com o público tão incrível que em seu show, logo na primeira música, torcíamos para dar tudo certo.

As pessoas escutam com o coração quando percebem que você conversa com elas. É preciso ter claro que suas ideias abrem a mente, mas é o vínculo emocional que estimula, durante uma apresentação, o desejo das pessoas de mudar.
Como você pode criar vínculo com seu público? Uma das estratégias que mais funcionam é começar sua apresentação agradecendo. Por exemplo, agradeça à pessoa que o contratou, agradeça à empresa, às pessoas que organizaram o evento e a quem está ali para assistir à sua apresentação. Procure ser cordial, dando um sorriso sincero, mostrando que seu objetivo é ajudar quem está lá.
Durante a apresentação, uso muito duas ferramentas que vão ajudar você a conseguir essa conexão especial com as pessoas que vão ouvir você:

- Comunicação afetiva
- Linguagem adequada

Faça uma comunicação afetiva

Os indianos usam a palavra *namastê* para cumprimentarem. Ela significa algo como "meu coração encontra o seu coração". Uma das estratégias mais poderosas para conseguir esse encontro é se colocar no mesmo nível das pessoas.
A maioria absoluta dos palestrantes, especialmente profissionais liberais, tem a tendência de falar somente de suas vitórias e conquistas pessoais, para serem admirados. Mas ninguém tem apenas vitórias na vida. Essa estratégia pode ser interessante para conseguir ser respeitado intelectualmente, mas não é poderosa o suficiente para criar cumplicidade afetiva com as pessoas.
Um dos recursos que sempre utilizo para conquistar a cumplicidade das pessoas é contar uma história verdadeira de alguma dificuldade que tive em minha vida, seja no plano pessoal, familiar ou profissional.
O herói tem sempre de sofrer, pois sem sofrimento não existe a identificação das pessoas com ele. Elas precisam sentir que você faz parte daquele contexto que está

apresentando, e que, da mesma maneira como você superou as dificuldades sobre as quais está falando, elas também podem fazê-lo.

Pense em como você pode falar com as emoções do público. Faça com que as pessoas se tornem suas amigas, suas cúmplices, que se espelhem em você por meio das emoções.

Olhar nos olhos das pessoas para quem você está falando também facilita estabelecer a comunicação que você deseja. Isso precisa ser feito com cuidado, para transmitir sinceridade e interesse legítimo. Seu contato visual com pessoas da plateia deve ser preciso e objetivo, nem longo nem curto: apenas o suficiente para criar sintonia. Treine bastante para fazer isso sem quebrar o ritmo da sua apresentação.

Foque em quem está prestando atenção, pois essas são as pessoas que verdadeiramente vão captar sua mensagem

Certamente, quando você estiver palestrando para uma plateia com várias centenas de pessoas, é mais difícil olhar todas as pessoas nos olhos. Mesmo assim, escolha algumas, geralmente duas que estejam na frente, uma em cada lado da plateia, e mais duas no fundo da sala, para fazer uma conexão visual. Olhá-las nos olhos vai mostrar que você é uma pessoa aberta, que não tem o que esconder.

Outro ponto fundamental: procure olhar as pessoas que estão prestando atenção à sua apresentação. A maioria dos palestrantes iniciantes tende a prestar atenção nas pessoas que estão distraídas com seu celular, ou mesmo conversando com um acompanhante e, no final, acabam perdendo a concentração.

Nos dias de hoje, é muito comum que as pessoas tenham pendências de trabalho e fiquem prestando atenção aos seus e-mails ou até saiam da sala para atender ao celular. Então, foque em quem está prestando atenção, pois essas são as pessoas que verdadeiramente vão captar sua mensagem.

Isso vai ajudar você a se sentir competente e, depois de um tempo, perceber que até o sujeito mais distraído pode acabar encantado com sua apresentação.

Crie uma comunicação afetiva com seu público, fale com seu coração. As pessoas não estão comprando apenas seu produto, seu serviço, seu projeto ou o conteúdo de sua palestra; elas estão comprando você.

Use uma linguagem adequada ao público

É fundamental se comunicar claramente, ou seja, é preciso que as pessoas entendam o que você está falando e o que quer passar a elas. Mas qual é a linguagem que você deve usar para falar com a plateia em sua apresentação? Será que você deve falar apenas para as pessoas que têm um vocabulário privilegiado, ou seria melhor expandir para um público mais amplo? É permitido usar gírias, ou o recomendado é manter-se preso à linguagem mais coloquial?

Tudo depende de quem é seu público. Se você for falar só para advogados, use linguagem de doutores. Se for falar para adolescentes, use uma linguagem que eles entendem e gostam. Claro, você não precisa se comportar como um adolescente, mas sim adequar seu modo da falar para algo menos formal.

O que realmente importa é você criar empatia e ter simpatia para manter o interesse de todos no que você diz. De modo geral, quanto mais simples for seu linguajar, maior será o público que você poderá atingir.

Mas atenção: falar de modo simples não quer dizer falar errado, ou de maneira superficial, ou ainda de maneira confusa, sem deixar claras as ideias que você quer passar. As perguntas a seguir vão ajudar você a checar se sua linguagem está adequada. Procure respondê-las:

- Para quem vou falar em minha palestra? Quem são os meus ouvintes?
- Qual é a melhor linguagem a ser usada em minha apresentação?
- O que eu preciso fazer para comunicar-me de verdade com meu público?

Em todos os casos, procure sempre dar seu recado de modo elegante. Ficou na dúvida? Use o meio-termo: uma linguagem nem tão sofisticada, mas também nem tão básica.

Mais importante ainda: evite termos chulos, jargões de áreas muito específicas, palavrões, ofensas, frases preconceituosas e assuntos delicados para as pessoas ou para o lugar em que você falar.

Treino para manter o nível de energia alto

Falar de modo simples não quer dizer falar errado, ou de maneira superficial, ou ainda de maneira confusa, sem deixar claras as ideias que você quer passar

Manter o nível de energia da plateia alto facilita a transmissão da sua mensagem e faz as pessoas se sentirem muito bem em participar. Quando as pessoas saem cansadas de uma apresentação, há a tendência de ficar com uma impressão negativa dela. Mas quando elas saem leves e energizadas, ficam com o sentimento de que se divertiram e aproveitaram muito.

Uma das técnicas que uso para manter alta a energia do grupo – e que recomendo que você treine muito – é estimular ações na plateia. Por exemplo, peço que se levantem em determinados momentos, que troquem um aperto de mão ou um abraço com dois ou três companheiros, que digam algo para quem está perto, e as convido para dançar ou simplesmente aplaudir com intensidade e entusiasmo um determinado colega.

Para cada plateia, há atividades que caem bem e outras que não devem ser usadas. Por exemplo, não vá usar esse recurso em uma apresentação para os diretores da empresa. Você precisa ser muito cuidadoso ao avaliar seu público e ver o que pode ser feito em cada caso.

Enquanto treina sua performance de palco, liste algumas situações em que você poderá solicitar ações do público e quais serão essas ações. Mantenha essas ideias com você, até que possa, durante a palestra, avaliar qual delas usar.

Mas lembre-se: você nunca vai agradar a todos. Sempre vão existir aqueles 5% que criticarão você. Não lute contra isso. Enquanto se prepara e treina a sua apresentação, crie uma estratégia para ter mais jogo de cintura para lidar com essas pessoas.

Quando você está energizado, sua plateia fica energizada. Então, todo o preparo que você puder fazer nesse sentido será bem-vindo. Se for necessário, faça cursos de oratória, preparação vocal, teatro, esporte, condicionamento físico, tudo para melhorar seu desempenho diante da plateia.

Fale com empolgação

Muita gente fala de maneira monótona e sem estar apaixonado pelo tema. O resultado é uma apresentação morna, chata, sem graça, e que não atinge os objetivos para os quais ela foi programada.

É preciso ter empolgação e emoção na voz. Sua voz precisa ter vida. Ela precisa variar conforme a mensagem que você quer transmitir. Por isso, muitas vezes você vai precisar falar mais baixo, outras vezes vai precisar quase cantarolar o que diz, e outras vezes vai mesmo precisar falar alto, forte e até mesmo "gritar".

Treine bastante falar com o cérebro e com o coração

Mas não me entenda mal. Não estou dizendo para você ser grosseiro. Você precisa ser educado, mas nunca deixar que sua educação faça com que sua paixão pelo que você está ensinando fique escondida embaixo de uma postura acanhada e sem energia.

Em uma apresentação, há duas possibilidades de comunicação:

> ***Comunicação com valor agregado, mas fria:*** Quando você fala com o cérebro, com muitos conhecimentos, mas sem coração e sem emoção, e isso não toca de verdade e nem motiva o público.
>
> ***Comunicação quente, mas vazia:*** Quando você fala com o coração e com as emoções, mas não tem conhecimento, não tem força naquilo que diz. A mensagem fica superficial e frágil e não chama o público para a ação.

Treine bastante falar com o cérebro e com o coração. Suas palavras precisam partir do coração, ser orientadas pelo cérebro e serem transmitidas com emoção e entusiasmo para tocar quem ouve você.

Convide as pessoas para participar

Manter a plateia energizada é um desafio e um dos segredos para vencê-lo é fazer as pessoas participarem. Quanto maior for a participação, maior a energia do grupo.

Uma sugestão para você é, antes da apresentação, conversar com algumas pessoas que vão estar na plateia e saber algo sobre elas. Durante sua apresentação, fale o nome dessas pessoas esporadicamente e diga algo positivo, tomando cuidado de que isso não seja algo muito pessoal.
Existem várias maneiras de incentivar a participação das pessoas, mas acho estas fundamentais:

- Faça perguntas.
- Elogie quem participa.
- Peça para as pessoas repetirem as frases importantes.

FAÇA PERGUNTAS: Lance perguntas o tempo todo para a plateia, para incentivar seu envolvimento, mas não espere que todas as pessoas respondam a essas perguntas para não virar uma tremenda confusão. A ideia é estimular as pessoas para refletir sobre o que você está dizendo.
Acho muito produtivo o apresentador comentar a resposta de uma ou de outra pessoa aleatoriamente, pois isso cria mais sinergia ele e o público. Enquanto estiver treinando suas apresentações, escolha as melhores perguntas e, principalmente, treine fazer perguntas para estimular a participação de todos.

ELOGIE QUEM PARTICIPA: Sempre que alguém responde a uma questão, procuro elogiá-lo não só pela participação, mas também por sua ideia. Às vezes, mesmo depois de um comentário totalmente fora do contexto, eu procuro fazer uma leitura que mostre a pertinência da resposta.
Elogios são maneiras simples e gentis de recompensar quem participa e de fazê-lo se sentir valorizado e considerado, saindo com a sensação de que deu uma contribuição de valor.
Outra maneira de elogiar é dando pequenos presentes para pessoas da plateia, em especial aquelas que colaboram com você. O presente, de preferência, precisa ser algo ligado ao seu trabalho ou à promoção dele. Por exemplo, costumo presentear o público com exemplares de meus livros. Mas se você não tiver nada do gênero, um bombom é sempre festejado por quem recebe.

PEÇA PARA REPETIR: Quando você está falando para um grupo grande, pode pedir para que as pessoas repitam alguns dos conceitos mais importantes que você falou.
Fazer o público repetir tem duas vantagens muito importantes: ajuda a aumentar a energia do grupo e também facilita que as pessoas memorizem o que você disse.
Quem assiste às minhas palestras sabe que costumo pedir para que as pessoas repitam algumas ideias falando para os companheiros que estão sentados ao lado, como se estivessem ensinando esse conceito. Essa atividade costuma ser bem divertida, com as pessoas rindo e se soltando, o que levanta muito o astral da palestra.

Cuide do medo de falar em público

Quem deseja falar em público tem de superar diversos obstáculos: nervosismo, insegurança, timidez, gagueira, baixa autoestima e, claro, o medo. Todos isso mina a autoconfiança do palestrante e põem em risco os resultados de suas apresentações.
Mas não deixe que isso atrapalhe seu caminho. Lembre-se que é sempre possível vencer suas limitações. Para isso, há atitudes e técnicas que podem ser treinadas e que ajudam você a superar seus limites.
Lembro-me de um filme em que há um lindo exemplo de superação: "O discurso do rei", escrito por David Seidler. Nele, o herdeiro do trono inglês precisava falar a seu povo e superou todos os limites de sua gagueira, para finalmente fazer um importante discurso no rádio, no começo da Segunda Guerra Mundial.
Preciso dizer a você que mesmo palestrantes com muitos anos de estrada ainda sentem aquele frio na barriga antes de subir ao palco. Não adianta alguém dizer a você: "Não tenha medo de falar em público". Isso não vai ajudar. Não é assim que funciona.
O medo faz parte do processo natural do ser humano quando ele está diante de situações que representam desafios. E falar em público apavora muita gente.

Em geral, as pessoas têm medo da exposição, do julgamento, de errar, de cometer gafes, de serem avaliadas, de não serem aceitas, de ter sua autoestima abalada por falta de aprovação, pois se preocupam em excesso com o que as outras pessoas pensam sobre elas.
Sempre existem causas profundas para o medo. Geralmente, elas se estabelecem durante alguma fase da vida, especialmente na infância. Se formos agrupar de acordo com a origem, poderíamos dizer que há, por trás do bloqueio, um desses três aspectos:

- Sentimento de inferioridade
- Obrigação autoimposta de ser perfeito
- Medo de errar

Depois que você cuidar do medo dentro de si, cuide da sua palestra, e você vai ver que o medo desaparece. É como dizem: o escuro é a ausência de luz. Não existe a escuridão quando acendemos uma vela

Quando você perceber que está com sendo tomado por essas dificuldades, procure um amigo de verdade e desabafe, fale desse medo.
Não entre no que eu chamo de *psicologia machista,* que é baseada na ideia de negar um sentimento de fraqueza, cultivada muito entre os homens, que pensam que precisam se mostrar sempre como "os valentões". Em geral, as frases (péssimas) dessa psicologia são assim:

- "Pare com esse medo e vá em frente."
- "Para de se lamentar. Azar o dela que perdeu um cara como você."
- "Não choramingue! Há muitas outras mulheres interessadas em você."
- "Você é fera e não tem por que ter medo."

Isso tudo enfraquece a pessoa em vez de fortalecer. Quando uma pessoa está com medo, é fundamental que ela abra seu coração e fale desse medo até que ele se esvaia.
Freud já provou que esconder sentimentos só aumenta a intensidade deles. Então, procure alguém de sua confiança e fale sobre esse medo. Observe como ele não se sustenta. De repente, você vai ver que ele saiu da sua mente.

Depois que você cuidar do medo dentro de si, cuide da sua palestra, e você vai ver que o medo desaparece. É como dizem: o escuro é a ausência de luz. Não existe a escuridão quando acendemos uma vela.

Acenda a luz e melhore suas apresentações

Indico três atitudes que ajudam a domar o medo:

- *Organize a apresentação:* quando há planejamento prévio, há mais segurança de que não haverá erros graves, nem a necessidade extrema de se proteger das críticas. Quem está preparado tem um desempenho sempre melhor.
- *Treine bastante:* para se fazer algo bem feito, é preciso treinar muito. Um jogador de vôlei repete o mesmo fundamento centenas de vezes diariamente, e a prática traz mais confiança de que ele cometerá menos erros.
- *Tenha a consciência de que a evolução vem com o tempo:* ninguém nasceu pronto, e ninguém inicia uma nova atividade sendo espetacular. Sempre que vemos alguém com um ótimo desempenho, podemos ter certeza de que a experiência ajudou muito no seu aperfeiçoamento. Portanto, conscientize-se de que, com o tempo, tudo melhora e evolui, e que diminuem as chances de errar.

Como diz a sabedoria popular, medo se cura com ação. A autoconfiança virá do exercício da sua competência. Por isso, cuidado: não adianta ter apenas autoconfiança e não ter competência, pois é loucura atirar-se ao risco sem estar preparado.

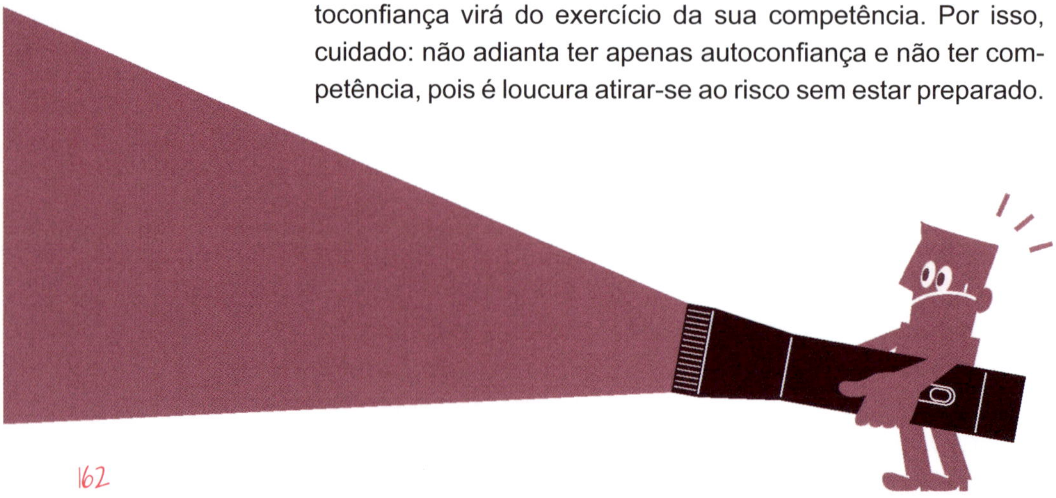

Por isso, aja: treine muito sua apresentação e seu medo de palco vai ficar cada vez mais sob controle.

Imagine que você é um atleta e que tem jogos marcados em todos os fins de semana, e que por isso tem de estar sempre em estado mental de alta performance. Para conseguir ser bem-sucedido, será importante você treinar para entrar nesse estado automaticamente, no momento em que alguém disser: "Pode falar".

Não importa o que estiver acontecendo na sua vida, no momento em que alguém chamá-lo ao palco, você tem de entrar instantaneamente nesse estado e estar 100% disposto e preparado, para sua ação ser automática e potente. E isso vem com muito treino.

Eu me condicionei a me colocar em estado de alta performance quando escuto o mestre de cerimônias falar: "Com vocês, Roberto Shinyashiki!". Fico ligado nessas palavras e busco meus melhores resultados depois de ouvi-las. Esse é um condicionamento que criei a partir de muito treino, sempre mentalizando frases inspiradoras para esse momento.

Mais uma técnica para jogar o medo de falar em público fora da sua vida: o medo aumenta na proporção em que você pensa em si mesmo durante a apresentação. Quando analisamos por que a pessoa teve um branco em uma palestra, descobrimos que ela estava pensando nela mesma, fazendo perguntas sobre seu desempenho:

- "Será que eu estou agradando?"
- "Será que não estou esquecendo-se de falar alguma coisa?"
- "Acho que os meus *slides* não estão bons."
- "Eu deveria ter treinado mais?"

Se você tirar o foco das suas questões, ou seja, de cima de você, e prestar atenção em como ajudar seu público, vai perceber que o medo vai desaparecendo.

Existe mais um recurso para tirar o medo durante sua apresentação: se você perceber que está inseguro, faça exercícios físicos. Faça aqueles movimentos que se faz em uma aula

Se você tirar o foco das suas questões, ou seja, de cima de você, e prestar atenção em como ajudar seu público, vai perceber que o medo vai desaparecendo

de aeróbica. Peça para ficar sozinho por alguns minutos e se exercite um pouco. Se for uma apresentação em um escritório, chegue alguns minutos antes e faça uma caminhada pelo quarteirão.

Eu aprendi essa técnica quando fiquei assustado com minha primeira palestra para mais de 20 mil pessoas no Riocentro, no Rio de Janeiro, no começo dos anos 1990. No acreditei quando a organização me disse que havia vendido mais de 23 mil ingressos. Achei que eles tinham exagerado!

Quando cheguei, cercado de seguranças, ao local, protegido como um astro de rock, em um lugar que parecia uma arena de luta de boxe, pensei comigo: "Meu Deus! Tem muito mais de 25 mil pessoas aqui! Estou ferrado!".

Depois de ficar uns 30 minutos em estado de choque, pensei: "Eu preciso fazer um aquecimento como os grandes atletas fazem antes de uma competição para entrar ligado".

À medida que fui fazendo os exercícios, fui me sentindo mais seguro, pensando em como conquistar aquela multidão. No final, deu tudo certo!

Hoje em dia, eu continuo fazendo exercícios físicos antes de uma apresentação. Mas repito a você: o melhor remédio para o medo de falar em público é treinar muito. Lembre-se que você está diante de pessoas que estão lá para ouvi-lo. Você foi convidado para mostrar suas ideias para pessoas que têm interesse em conhecê-las. Então, sinta-se importante e mostre tudo o que você sabe! Vai dar certo!

8 Passo 4: Executar

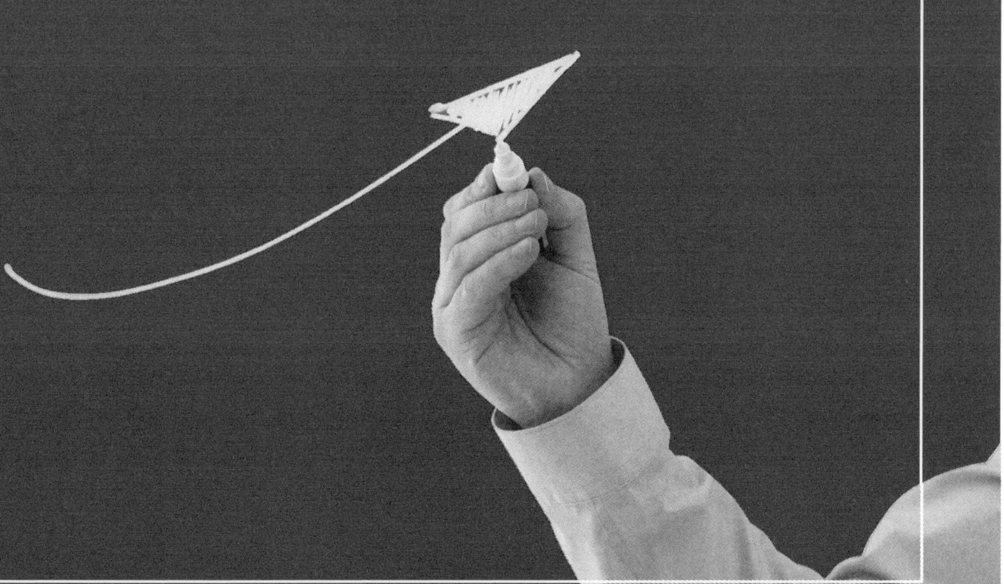

Sem dúvida alguma, esta é a parte do trabalho de palestrante que eu curto mais: a hora de subir ao palco e fazer a apresentação.

O frio na barriga, a excitação de ver a equipe técnica querendo saber o que vou fazer, os cumprimentos dos contratantes, o brilho no olhar da maioria das pessoas, a conquista dos céticos, o convencimento dos participantes a terem uma nova atitude na vida, os aplausos e, no final, os pedidos de autógrafos e fotos... É tudo muito prazeroso, gratificante e recompensador.Essa sensação de ajudar as pessoas a mudarem sua vida é muito especial. Por isso, tomo todos os cuidados para que, no dia da apresentação, as coisas aconteçam como acredito que devam acontecer, com todos os detalhes planejados e com a melhor de minhas energias.

Vou contar, a título de exemplo, um pouco sobre minha rotina em um dia de palestra.

A primeira coisa que faço é escolher a roupa com a qual vou fazer a apresentação. Aprendi que tenho de estar tão formal quanto poderá estar alguma pessoa do evento, mas que preciso, acima de tudo, acompanhar meu público. Portanto, procuro me vestir como a maioria dos participantes. Se o traje for formal, como é, por exemplo, em grande parte dos eventos em bancos,

Essa sensação de ajudar as pessoas a mudarem sua vida é muito especial

coloco um terno clássico com uma gravata bem criativa, pois tenho certeza de que na maioria os homens estarão de terno. Se vou a uma convenção de vendas, usar um blazer escuro e uma calça social me agrada mais porque, ao mesmo tempo que mostro respeito pelo evento, estou com um estilo simples. Se vou falar em uma convenção sobre espiritualidade, coloco uma roupa simples, mas elegante. Ir de terno a uma apresentação dessas me distanciaria muito dos participantes.

Geralmente, a empresa que me contrata envia um carro para me levar ao evento. Esse é o jeito mais eficaz porque, se acontecer algum imprevisto no caminho, eles têm os contatos do motorista e da empresa de transporte, o que facilita a comunicação.

Sempre procuro chegar o mais cedo possível ao local da apresentação e, na maioria das vezes, assisto ao presidente da empresa fazendo a abertura da convenção.

Logo que chego, procuro conversar com o executivo que seja o "dono" da convenção e peço que ele fale novamente dos objetivos daquele encontro. Geralmente, quando recolhemos as informações é outra pessoa que conversa conosco. Então, é fundamental falar com o "dono" do evento, pois, nesse momento, ele geralmente faz alguns pedidos de mensagens que quer que sejam abordadas.

Depois dessa conversa, peço para ver o local do evento. Ao chegar lá, procuro conhecer a estrutura do lugar e conversar com a equipe de som e vídeo. Muitas vezes a equipe quer que fiquemos no escuro durante a apresentação, para que a projeção dos *slides* na tela fique nítida. Explico que meus *slides* foram construídos com muito contraste e letras grandes, para poder aparecer bem mesmo com luz no palco, porque as pessoas que estão no evento querem me ver ao vivo e não somente como uma sombra em um palco escuro.

Comecei minha vida profissional como assistente de cirurgias no tempo da faculdade de medicina. Aprendi com meus professores a conferir tudo antes de uma operação, porque algum eventual erro da equipe pode ser pago com a vida do paciente. Para não haver falhas, temos de cuidar de tudo com muita atenção.

Trouxe essa forma de pensar de minha experiência com cirurgias para meu trabalho como palestrante e cuido de tudo antecipadamente, com o máximo detalhamento.

Depois de acertados o som e a iluminação, vejo os outros detalhes da sala. Se possível, peço que eles organizem segundo minhas sugestões. Algumas vezes, eles me atendem, mas outras vezes têm as próprias ideias, e a disposição das cadeiras da plateia acaba ficando muito distante do palco, o que não é bom.

Independentemente da aceitação ou não das minhas ideias, sou meticuloso na preparação da minha atuação e influencio a equipe tanto quanto posso, para que tudo fique o mais próximo possível do que planejei.

Depois de tudo pronto no auditório, peço para ir a uma sala silenciosa e faço uma série de rituais, desde a preparação de voz, aquecimento físico, passando por exercícios de visualização até chegar à minha oração final.

Se o evento está atrasado porque algum convidado ainda não chegou, procuro ficar em frente ao palco para que as pessoas vejam que não sou o responsável pelo atraso. Nesse momento, geralmente as pessoas se aproximam para pedir autógrafos e tirar fotos.

Gosto desse contato, porque me deixa com mais vontade de "arrebentar a boca do balão", como dizem os músicos jovens.

Quando vejo que a apresentação vai começar, vou para os bastidores para me concentrar.

Faço a palestra cuidando para manter a conexão com a plateia, a energia alta, a interação com o público, para prender a atenção, captar o interesse das pessoas e transmitir minha mensagem com intensidade.

Geralmente, sou aplaudido com o público em pé em minhas apresentações, e essa sensação de ser útil na vida das pessoas é indescritível. O olhar de gratidão das pessoas alimenta minha alma por muito tempo.

Antes de descer do palco, novamente algumas pessoas se aproximam para autógrafos, fotos e comentários. Sempre procuro atender com o máximo de atenção e gentileza a todos, ainda que algumas vezes tenha o compromisso de, após a apresentação, ir a uma reunião com o presidente e a diretoria da empresa, ou a uma entrevista ao vivo para a televisão.

As conversas que acontecem depois das palestras são fundamentais para receber os *feedbacks* sobre a minha atuação. Esse também é o momento da troca dos cartões, a partir do qual se fecham muitos novos negócios. Também por isso, é muito importante ficar até o final de todas as solicitações.

As conversas que acontecem depois das palestras são fundamentais para receber os *feedbacks* sobre a minha atuação

Quando vejo que chegou a hora, me despeço de todos e entro no carro, e me dou o direito de me sentir exausto durante alguns minutos. Logo depois, já começo a análise do meu trabalho. Em geral, é nesse período que tenho novas ideias para aprimorar minhas apresentações.

Esse é o resumo de um dia meu de palestra. Existem algumas variações, é claro. Às vezes, é preciso pegar um voo para Tóquio para chegar ao local da apresentação; em outras vezes, há antes um jantar para conversar com alguma autoridade e sua equipe.

Mas todos esses detalhes devem ser encarados como acontecimentos periféricos, porque o importante mesmo é a apresentação que vai ser feita. Por isso mesmo, no meio de tantas pessoas, procuro falar pouco e assim estar com a voz em ordem quando subir ao palco.

Tenho certeza de que você está querendo me dizer agora: "Mas, Roberto... Minhas apresentações não têm a mesma sofisticação das suas palestras!". Possivelmente você tem razão! Mas mesmo assim elas têm de ser realizadas com o mesmo cuidado e profissionalismo.

Uma apresentação no seu dia a dia

Vamos ver, então, como seria uma apresentação do dia a dia de um executivo de vendas para seus clientes. Imagine que você é um gerente comercial de uma editora e tem a oportunidade de fazer uma apresentação dos novos livros lançados naquele mês para uma grande rede de supermercados.

No dia da apresentação, antes de sair de casa, você precisa pensar em como vai se vestir. No dia a dia, habitualmente, a roupa que você usa para trabalhar não é a adequada para ir fazer essa apresentação. Por isso, arruma-se de acordo com seu compromisso,

Você já tem planejada, preparada e treinada sua apresentação. Ainda em seu escritório, você confere se os *slides* estão certos, completos e em ordem. Grava a apresentação em um *pen drive* e também uma cópia de segurança no seu computador e leva ambos para a sua apresentação. Você convida também uma pessoa da sua empresa para auxiliá-lo e apoiá-lo no que for necessário durante a apresentação.

Com um bom tempo de antecedência, para evitar problemas com trânsito, você se dirige ao local em que está seu cliente e, chegando lá, cumprimenta as pessoas, toma café com elas, até que você percebe que é hora de organizar a sala em que vai acontecer a apresentação.

O ambiente é pequeno, uma sala com poucos lugares, e por isso você nem precisa de microfone. Mas organiza as cadeiras de maneira que todos fiquem próximos de você, para facilitar o contato e a interação. Como você já havia pedido com antecedência para seu contato na empresa um projetor, confere se já está lá, organiza e testa o aparelho.

Você contava com um computador do local para usar em sua apresentação, mas informam a você que não foi possível, pois um problema inesperado ocorreu. Mas você se preveniu e trouxe o seu *notebook*, e então o usa para exibir os *slides*. A pessoa que está com você começa a ligar o computador e a colocar a apresentação no ponto.

Enquanto isso, o diretor geral entra na sala com sua equipe de marketing, e vocês se cumprimentam, a conversa flui. Você diz que sua apresentação vai durar 15 minutos, para depois vocês terem tempo de negociar as compras. Você sabe que o objetivo da sua apresentação é vender os lançamentos do mês.

Então, pede licença e vai até uma sala ao lado, e se concentra por alguns minutos. Volta e inicia sua fala. Durante a apresentação você usa uma linguagem adequada àquelas pessoas que trabalham com varejo e grande público, movimenta-se com segurança, e magnetiza a atenção de todos fazendo uma comunicação afetiva, participativa e interessante.

Fala com empolgação, conta histórias, faz piadas com alguns fatos (você sabe que o time de futebol das pessoas que estão ali ganhou o último jogo), chama as pessoas pelo nome e faz algumas perguntas para envolver a todos.

No final da sua apresentação, o diretor geral elogia e pergunta se o novo estilo de apresentar os lançamentos é algo que sua empresa adotou para mostrar seus novos produtos. Você diz que é uma rotina que todos estão adotando, com retornos bons. A surpresa do seu cliente mostra que você está no caminho adequado. Começam então as perguntas, que você responde com a mesma atitude vencedora.

Nos minutos finais, a pessoa que você levou recolhe os equipamentos, e você e seus clientes começam a negociação dos lançamentos. Ao final, você observa, feliz, que a clareza da sua apresentação foi fulminante e fez toda a diferença para você vender mais. Depois de fechar o negócio, vocês se despedem e voltam para a editora para comemorar a venda com a equipe.

Sua apresentação foi um sucesso porque, nessa descrição, você cuidou de alguns fatores muito importantes, que vou ressaltar a seguir.

As primeiras impressões são as que permanecem

Você mostrou profissionalismo

Amadorismo é coisa para perdedores. Ninguém chega ao pódio sem demonstrar que é um profissional. Sua atitude de preparar a apresentação, organizar a sala, falar com segurança e clareza de suas ideias mostrou para seu cliente o profissionalismo com o qual ele foi será tratado ao comprar produtos de sua empresa.
Chegar atrasado, não checar o equipamento, ter *slides* com erros de português, ficar irritado quando alguma coisa dá errado no meio da sua apresentação, não dar atenção especial ao diretor da empresa e tantas outras bobagens não somente vão destruir sua apresentação, como podem prejudicar sua imagem.

Você passou uma excelente imagem

As primeiras impressões são as que permanecem. Estar vestido adequadamente mostrou que você não é um vendedor em início de carreira, mas alguém que preza e respeita não apenas sua própria empresa, mas também a empresa do seu cliente. Seu *blazer* sinaliza que você subiu na carreira e que faz jus a isso com sua imagem, mostrando também seu valor profissional.
Sobre isso, lembro-me de um caso que aconteceu comigo. Uma vez, no início de minha carreira de palestrante, fui convidado a fazer uma apresentação para executivos de uma multinacional. O evento seria em um hotel fazenda, em pleno domingo. Não tive dúvidas: coloquei uma calça jeans, uma camisa polo e um belo par de tênis e lá fui eu. Quando cheguei ao hotel, todos, simplesmente todos os executivos que iriam assistir à minha apresentação, estavam de terno e gravata. Quase tive um enfarte.
Felizmente, o pessoal do hotel me emprestou um terno, uma camisa, gravata, além de um par de sapatos, o que salvou

meu dia e minha imagem. Depois disso, nunca mais fui a um evento para dar palestras sem me informar com antecedência sobre o ambiente e o vestuário do público que vai me assistir. E sempre procuro estar com um nível de vestimenta de um padrão um pouco acima do que o público e os meus contratantes vão usar.

Cuidar do seu estilo de se vestir muda muito a maneira como você é visto no mercado profissional. Coloque uma roupa adequada à apresentação. Na dúvida, os homens devem ir de terno e gravata, e as mulheres de terninho com calça ou saia. Quando se trata da sua aparência profissional, é sempre melhor errar para mais na elegância do que para menos. Para os homens, sempre é possível tirar a gravata e até o paletó, se errarem "para mais".

A roupa que um profissional veste é fundamental. Homens de terno causam uma ótima impressão. Pesquisas de imagem feitas nos Estados Unidos mostram que mulheres de vestido (nunca muito curto) inspiram ainda mais credibilidade do que aquelas que usam terninho.

Para manter sempre em mente: cuide para sua aparência ser sempre impecável, vista-se bem, sem modismos e de modo adequado para cada público e para cada situação.

Procure estar de acordo com o nível de formalidade da ocasião
Observe os presidentes da República: se eles vão a um encontro de chefes de estado, o terno geralmente é muito elegante. Mas se eles vão visitar uma fábrica, podem usar uma simples camisa com gravata. Barack Obama, presidente dos Estados Unidos, é um mestre na arte de se vestir adequadamente para cada situação.
O mesmo princípio se aplica às mulheres. Em um ambiente formal, um vestido mais sóbrio passa a seriedade necessária à ocasião. Mas, dependendo do lugar em que você vai falar, como em uma escola de periferia, por exemplo, uma roupa mais simples e despojada pode ser a mais adequada.
Cuidado com a displicência ao se vestir e com a formalidade exagerada. Há pessoas que usam terno independentemente do lugar em que estão e outras que são muito descontraídas. Essa descontração, às vezes, pode mostrar uma falta de respeito com o compromisso ou com o evento. Por isso, informe-se sempre para não errar no modo de se vestir.

Você chegou com tempo para preparar tudo

Você percebeu que chegar com antecedência deixa tempo para você se acostumar com o lugar, falar com as pessoas, preparar a sala de reuniões e, principalmente, preparar sua mente para ficar focado somente na apresentação.
Essa é uma boa atitude para colocar na sua rotina profissional: chegar sempre com antecedência. Atrasar-se para uma apresentação é um dos erros mais graves que um profissional pode cometer. Isso oferece uma brecha para dar errado tudo o que tem chance de dar. Além de não dar tempo para se preparar para a sua apresentação, você mostra desrespeito com a empresa.
Tenho uma experiência com esse assunto. Lembro-me de uma apresentação que estava programada para antes da minha, em um evento de uma multinacional da área de eletrônicos, em que falaria um economista bastante conhecido e respeitado no meio empresarial. Mas o sujeito chegou 15 minutos atrasado para sua palestra.
O presidente da empresa me perguntou se eu poderia adiantar a minha apresentação, para poder dar sequência às atividades do evento. Então, ele simplesmente cancelou a apresentação do economista. Pediu à gerente de treinamento, sua

A responsabilidade por seu desempenho é toda sua. Se ele for um sucesso, o ganho é seu. Se for um fracasso, a perda é sua também. Nunca arrume desculpas por não dar o melhor de você

secretária, que fizesse o pagamento do profissional, mas não permitiu que ele sequer entrasse no auditório. O economista alegou estar atrasado por causa do trânsito, ofereceu-se para falar de graça, mas não teve acordo.

Por isso, chegue ao local sempre bem antes da sua apresentação. É muito amadorismo deixar seu cliente esperando.

Você não trouxe problemas da sua vida para sua apresentação

Você não falou dos seus problemas na apresentação nem deu desculpas. Todas as pessoas têm problemas e complicações para serem resolvidas todos os dias, mas eles nunca podem ser desculpa para alguma falha ou percalço que possa acontecer.

Muitos palestrantes iniciam suas apresentações com uma frase tenebrosa do tipo: "Desculpem-me, mas estive gripado e não tive tempo de preparar essa apresentação como eu gostaria". Entendo que estar gripado é um problema que dificultou a preparação da apresentação, mas o público não tem nada a ver com isso.

Se seu filho está com problemas na escola ou se você tem precisado faltar ao trabalho para cuidar da sua mãe que quebrou o fêmur, dizer isso antes de sua apresentação não é uma boa forma de começá-la.

Mesmo que você não tenha se preparado adequadamente, não coloque seus problemas para seus ouvintes. Suas questões pessoais não vêm ao caso em situações assim.

Faço muitas palestras e acontece muita coisa nos bastidores. Nem sempre tudo sai às mil maravilhas, mas, por mais irritado que eu fique, nunca levo isso para o palco. Imagine um palestrante que abre sua palestra e a primeira coisa que fala é: "Gente, o pessoal que cuida do som pisou na bola e pode ser que alguns de vocês não consigam me ouvir...".

Ele usou os primeiro segundos de sua apresentação para falar de um assunto que nada tem a ver com seu objetivo. Além do mais, criticou em público uma falta de organização da equipe que vai apoiá-lo durante a apresentação. Além de arriscado e pouco profissional, isso é muito chato.

A responsabilidade por seu desempenho é toda sua. Se ele for um sucesso, o ganho é seu. Se for um fracasso, a perda é sua também. Nunca arrume desculpas por não dar o melhor de você.

Você não cometeu gafes

Gafes são fatais para apresentações profissionais. É muito importante conhecer o lugar em que você está, o público, as expectativas e os valores de quem vai ouvi-lo, para não cometê-las.

Você evitou assuntos polêmicos, tomou cuidado com as piadas e brincadeiras, não foi preconceituoso e não tratou de tópicos que fossem motivo de constrangimento para alguém no público.

Quem não toma esses cuidados se arrisca a perder tudo. Há algum tempo, fui participar de um evento em Vitória e, como cheguei com muita antecedência, fui assistir ao palestrante da manhã. Era um jovem muito talentoso que sabia trabalhar bem o vínculo com o público. O tempo todo ele convidava as pessoas a falar sobre suas ideias.

Em determinado momento, ele se aproximou de uma das gerentes, que mostrava uma barriguinha bem saliente, e perguntou, com uma expressão de carinho: “Para quando é o bebê?”. Totalmente constrangida, ela respondeu: “Eu não estou grávida!”. Quando vi essa cena, me deu vontade de ir para o aeroporto e voltar para casa sem dar a palestra. Aquele rapaz perdeu uma ótima oportunidade de ficar quieto!

Quanto mais próximo você estiver da sua plateia, quanto mais fortes forem os vínculos que você estiver construindo, mais atento você precisa ficar, para não “pisar na bola”.

Tome um cuidado especial para não cometer erros decorrentes da sua empolgação. Muitas vezes, a palestra está indo tão bem que o palestrante fica animado e vai se soltando e, quando se dá conta, já perdeu o controle e está errando feio.

Tome cuidado especial para não cometer erros decorrentes da sua empolgação

Procure sempre conhecer o terreno onde você está pisando. Não se arrisque a desmerecer quem quer que seja nem sair na contramão dos interesses de quem o contratou.

Há algum tempo, um *headhunter* famoso estava fazendo uma apresentação do seu trabalho em meu escritório. Era uma apresentação bem organizada, com *slides* lindos, ótimo projeto, ideias muito boas. Ele estava se oferecendo para procurar um profissional que precisávamos contratar.

Falou dos cuidados que tomava ao escolher os candidatos. De repente, ele soltou esta tijolada: “Nós investigamos tudo, inclusive a preferência sexual da pessoa... Imagine ter um gay trabalhando com o Roberto Shinyashiki!”.

Sem dúvida, ele perdeu uma ótima oportunidade de ficar calado. Além de eu ter simpatia pela causa da homoafetividade, na reunião estavam presentes dois homoafetivos que trabalham na minha equipe e que eu adoro. Minha frase para o *headhunter* não poderia ser outra: “Obrigado por sua visita. Vamos pensar na sua proposta e voltaremos a procurá-lo, se for o caso”.

Você levou seu equipamento pessoal

Você tinha à mão seu *notebook* pessoal, com toda sua apresentação testada, além de ter um *pen drive* com uma cópia dela, e isso foi fundamental, pois houve o imprevisto de o computador do local não poder ser usado.

Isso, além de permitir que a apresentação acontecesse como você planejou, evitou o estresse de ter de resolver o problema da falta de computador na última hora. Havia duas possibilidades, o *pen drive* e o *notebook*, e isso é fundamental, pois jamais devemos contar apenas com um ou com outro.

Lembro-me de um caso bastante marcante que presenciei em um evento. Eu fazia parte do público convidado para assistir a uma apresentação sobre finanças pessoais em uma empresa. Na verdade, eu estava ali a convite do presidente da companhia, para analisar se valia a pena ela investir dinheiro em uma série de seminários que ensinassem os funcionários a administrar melhor seu dinheiro.

O palestrante chegou no horário, mas não testou o equipamento. Trouxe toda sua apresentação montada e gravada em um *pen drive* e, um pouco antes de começar a falar, inseriu--o no computador do evento e... não funcionou! Por alguma razão que ninguém sabia exatamente qual, o que ele tinha gravado estava incompatível com o equipamento disponível.

Os técnicos procuraram resolver o problema, o palestrante recebeu todo o suporte possível, mas não teve jeito. Não conseguiram fazer o programa rodar.

Irritado e perdido, o palestrante resolveu fazer a apresentação sem os *slides*, mas, àquelas alturas ele já estava nervoso, além de não ter se preparado para falar sem seus gráficos e exemplos, que estavam gravados no equipamento.

Claro, a apresentação foi sofrível e não convenceu. Pior ainda, demonstrou falta de profissionalismo da empresa que estava realizando os seminários, que acabou perdendo um grande contrato de trabalho, porque a empresa interessada resolveu não arriscar... Resultado: contrataram o concorrente, que se apresentou de modo mais profissional.

Portanto, teste todo o equipamento junto com a equipe técnica. Passe e reveja os pontos principais com os executivos da empresa e tenha certeza de que tudo está de acordo com o que eles esperam que você diga na sua apresentação.

E tenha seu "plano B" sempre: seu próprio equipamento testado com sua apresentação, ou então, mesmo se tudo falhar, não fique escravo da tecnologia. Leve com você um material impresso, bem montado e profissional, contendo os pontos principais, gráficos e estatísticas, e distribua para a plateia. Além de ser um ato simpático com o público, que terá suas anotações sempre à mão, ainda salvará sua apresentação se o equipamento de projeção falhar.

Você organizou o ambiente da apresentação

Para que as emoções aconteçam durante a apresentação, as pessoas precisam ver o apresentador para manter um contato visual com ele

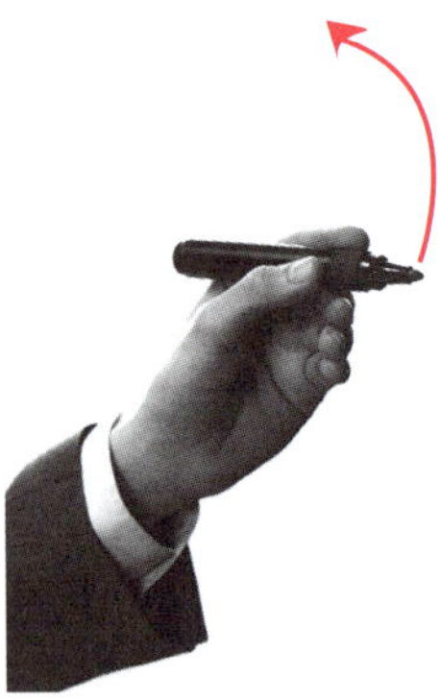

Mesmo com poucas pessoas na sua apresentação, você ajustou as cadeiras para conseguir mais proximidade com as pessoas, o que é muito bom. Quando as cadeiras estão perto o suficiente de quem fala, fica mais fácil conquistar e envolver as pessoas, passar emoções para elas, trazê-las para dentro do contexto da apresentação.

Você verificou a iluminação do local, pois muita luz dificulta a visualização das projeções, mas valorizá-las demais, enquanto você permanece na penumbra ou no escuro total, também não dá certo. Garanta que você seja visto claramente na maior parte do tempo de sua apresentação. Para que as emoções aconteçam durante a apresentação, as pessoas precisam ver o apresentador para manter um contato visual com ele.

Você cuidou do som e do equipamento de projeção, e combinou previamente quais equipamentos precisava e checou tudo no momento da apresentação. É sempre importante saber se o sistema de som está adequado ao tamanho da plateia, se o projetor funciona e se você terá microfones à sua disposição e de que tipo eles serão.

O lugar em que você vai ficar para falar tem de estar livre para você poder se movimentar à vontade. Verifique cuidadosamente se as telas de projeção e os projetores não estão posicionados exatamente na direção de pontos importantes que você vai usar no palco. Lembre-se de usar os pontos de marcação que você traçou em seu planejamento, para tratar assuntos diferentes, de modo a acostumar a plateia com o clima de cada mensagem que você passar.

Você chegou antes de iniciar sua apresentação, conheceu o espaço e organizou o que era necessário. Isso é importante, principalmente em grandes espaços, em apresentações para grandes plateias.

Você levou uma pessoa para ajudá-lo

Você pediu para um colega da sua empresa acompanhá-lo para ajudar a resolver qualquer imprevisto, e ele foi muito útil. Essa é uma atitude muito relevante que deve ser tomada, seja em um evento formal ou não. Ter uma pessoa à sua disposição, antes, durante e depois da sua apresentação, ajuda a resolver qualquer imprevisto que, se você estiver sozinho, será mais complicado de contornar.

Existem diversos fatores que podem interferir no bom andamento e nos resultados de sua apresentação. Um exemplo: em uma palestra que fiz, a pessoa que me apresentou ficou no palco o tempo todo e fazia sinais para a plateia durante a minha apresentação. Talvez, inconscientemente, ela tivesse vontade de ser a palestrante. Essa situação atrapalhava o andamento da apresentação e comprometia os resultados que eu tinha combinado com a pessoa que me contratou. Em uma das minhas descidas do palco, discretamente chamei a pessoa que estava à minha disposição para o evento e pedi para que ela, de modo delicado e polido, pedisse para a pessoa sair do palco.

Quando terminei de fazer meu trabalho de envolvimento no meio da plateia e voltei ao palco, ele já estava livre e pude continuar a apresentação sem problemas.

É fácil perceber que, caso eu mesmo resolvesse pedir para a pessoa sair do palco, criaria uma situação constrangedora não só para a pessoa, como para mim e para o público.

Outras vezes já aconteceu de o palco ficar muito perto da cozinha do evento e o barulho do pessoal trabalhando atrapalhou a apresentação. Como resolvi:

novamente, pedi discretamente para que a pessoa que me assistia desse um jeito na situação.
Ter essa pessoa à sua disposição é tão fundamental para o sucesso da sua apresentação que muitas vezes a chamo de meu "anjo da guarda" do evento.

Você se concentrou antes de começar

Preparar-se alguns minutos antes de começar a apresentação vai garantir que você entre imediatamente em estado de alta performance.
Eu, pessoalmente, faço um ritual de concentração digno de um atleta olímpico, com o adicional do aquecimento vocal, e vou ensiná-lo a você. Talvez alguém ache um exagero, mas enquanto um atleta de alto rendimento tem uma olimpíada a cada quatro anos, eu tenho uma final olímpica a cada dois dias.
Acho muito bom se você pensar assim: cada um de nós tem sua olimpíada pessoal, e os grandes campeões são aqueles que entram para cada apresentação como se fosse a mais importante da sua vida. Isso é o que o meu filho Ricardo diz quando sai para falar para um cliente.
Busque um local sossegado em que você possa ficar sozinho durante os cinco minutos anteriores à sua apresentação. Se não houver local disponível, pode ser o banheiro mesmo.
Meu ritual é bem simples:
Como a principal ferramenta de um apresentador é sua voz, faça um aquecimento vocal antes de se apresentar. No site deste livro *(www.apresentacoespoderosas.com.br)* há um link que ensina as técnicas para isso.
Em seguida, faça um minuto de meditação.
Meditação é um momento de silêncio em que você esvazia sua mente de todas as preocupações e pensamentos. Nesse minuto de meditação, simplesmente fique observando sua respiração, sentindo o ar entrando na inspiração e saindo na expiração. Aos poucos o movimento de observar a respiração vai esvaziando sua mente e você vai entrar em um estado de tranquilidade.

No minuto seguinte, feche os olhos e visualize o que você quer que aconteça: sua apresentação chegando ao fim com as pessoas saindo dela animadas, energizadas, felizes, inclinadas a fechar negócio e dispostas a fazer algo diferente depois que você falar.
No último minuto, faça uma oração. Esse é um momento de silêncio em que você fica com Deus. Eu pessoalmente oro e peço auxílio para falar algo que sirva para ajudar as pessoas que vão me ouvir. Busco na minha fé a certeza de que estou cumprindo o meu papel de acordo com o que Deus me designou. Reúno energia espiritual para dar às pessoas o meu melhor e passar a elas energia para acreditarem em si mesmas e na realização de seus sonhos e metas.
Depois desse ritual você vai se sentir mais poderoso para fazer a mais importante apresentação da sua vida

Divirta-se enquanto faz sua apresentação. Afinal, esse momento é a coroação de todo o esforço que você teve se preparando

Curta sua apresentação

Apresentar suas ideias para um público é motivo para uma grande festa. É uma oportunidade maravilhosa!
Curta esse momento especial da sua vida, dê seu recado, atinja seus objetivos e ajude as pessoas a lidar melhor com sua vida.
E faça como disse Steve Martin: “Seja tão bom que ninguém poderá ignorá-lo”.
Divirta-se enquanto faz sua apresentação. Afinal, esse momento é a coroação de todo o esforço que você teve se preparando.

Um exercício para sua vitória

Eu quero propor um exercício mental para você. É um exercício de imaginação criativa, que vai ajudá-lo a preparar sua mente para as vitórias que você vai conquistar no seu futuro.
Como todos nós sabemos, novas conquistas acontecem quando você muda hábitos. Então, vou ajudá-lo a fazer isso. Se você quiser que eu oriente você nessa vivência, vá até meu site, no endereço www.apresentacoespoderosas.com.br e ouça minha voz conduzindo você.
Sente-se em uma cadeira confortável, feche os olhos, e imagine seu futuro acontecendo agora.
Imagine sua carreira daqui a um ano. Você melhorou muito suas apresentações. Os resultados das suas apresentações aumentaram muito, agora você faz apresentações muito superiores.
Observe quantas atitudes mudaram para você ter tantas conquistas. Veja o que melhorou no seu desempenho.
Fique feliz por ver tantas mudanças e sentir que você cresceu profissionalmente! Comemore sua vitória!

9 | Passo 5: Aprimorar

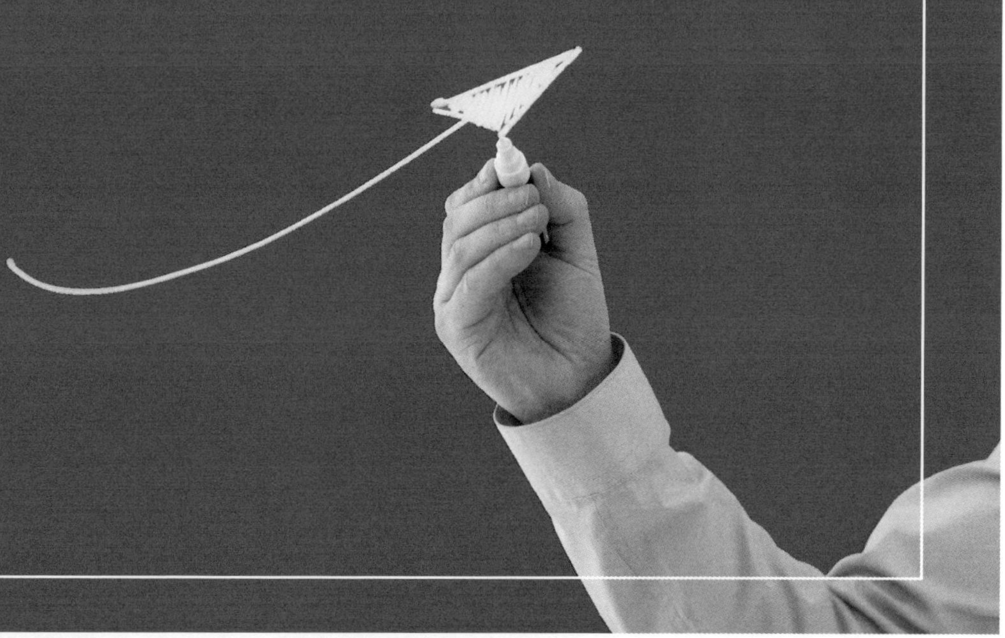

O sucesso que me interessa é o sucesso sustentável!
Estar no pódio durante somente alguns anos pode ser mais frustrante do que nunca ter tido sucesso. Os profissionais que eu admiro são aqueles que ficam no topo durante toda uma vida, e esses são os que têm uma atitude especial.
Eles nunca estão satisfeitos totalmente, e sempre ficam se perguntando como melhorar.
Eles são eternos curiosos, e sempre querem saber das novidades, não somente as técnicas, mas todas, inclusive as sociais. Eles adoram perguntar: "O que há de novo?".
Eles estão sempre de olho na próxima montanha, porque uma conquista já se torna passado no mesmo dia da celebração.
Eles sempre estão questionando seu sucesso e se sentem suavemente inseguros com ele. Por isso, nunca se acomodam.
Este livro é para você, que sempre quer mais, e que sabe que depois de subir uma montanha há outra montanha para ser conquistada. E depois existe um mar imenso e, ao continuar, depois de ultrapassar o oceano vai haver um novo continente.
Se você se já acha muito, muito, bom, recomendo que nem leia este texto, pois ele é para pessoas que sabem que estão sempre começando a descobrir um novo mundo.

Nesse novo mundo, você não precisa cometer erros para fracassar. Basta simplesmente continuar fazendo o que você está habituado a fazer.

Talvez você já tenha ouvido esta frase bastante conhecida: "Se você continuar fazendo o que sempre fez, conquistará o que sempre conquistou".

Para você, essa afirmação é verdadeira ou falsa? Se respondeu que é verdadeira, sinto dizer que você errou feio! Nesse mundo, quem faz o que sempre fez corre o risco de entrar em processo de extinção.

Pense bem: será que os professores de datilografia continuam tendo a mesma quantidade de clientes que no passado? Será que as locadoras de filmes continuam faturando o que faturavam há dez anos? Você acha que o ramo da fotografia tradicional continua lucrando tanto quanto antes das fotos digitais? É lógico que não!

Neste mundo de mudanças incessantes e rápidas, quem fica no mesmo lugar fica para trás. Por isso, nunca se acomode com o que você conseguiu. Procure sempre aprimorar seu trabalho, dia após dia.

Vamos ver como você pode evoluir e aprimorar-se no mundo das apresentações poderosas.

Aprimore seus resultados

A melhor referência para avaliar a qualidade da sua apresentação é o resultado que você obtém a partir dela. Se você é um corretor de seguros que mostra seus planos para as empresas e está conseguindo fechar uma quantidade maior de contratos depois de suas apresentações, significa que elas foram, no mínimo, muito boas.

Só que mesmo que você feche 70% a mais de contratos, ainda pode melhorar um pouco mais a maneira de apresentar suas ideias e propostas aos seus clientes, para conseguir fechar um número ainda maior de contratos.

Você precisa se aprimorar o tempo todo, pois o fracasso nunca chega de repente. Ele costuma avisar que está se aproximando, mandando pequenos recados a você. É um consultório que vai tendo cada vez menos pacientes, são os clientes que param de fazer pedidos, são as reclamações que começam a ficar cada vez mais frequentes...

Quem não se aprimora, para, estagna. Quem não evolui, tende a ter resultados cada vez mais pobres, porque a concorrência está evoluindo e com certeza vai ultrapassá-lo.

Melhorar resultados é consequência de melhorar seu desempenho, que por sua vez é decorrência de aprimorar detalhes. Portanto, busque melhorar em tudo!

Melhorar resultados é consequência de melhorar seu desempenho, que por sua vez é decorrência de aprimorar detalhes. Portanto, busque melhorar em tudo!

Assista a muitas palestras e palestrantes

Observar bons exemplos também é um ótimo caminho para você se aprimorar em suas apresentações.

Por isso, assista sempre a diversos tipos de palestras e apresentações, e acompanhe os melhores palestrantes. Qualquer que seja a sua profissão, assista a apresentações de assuntos variados, não necessariamente do seu tema.

Veja o que fazem os grandes nomes, e fique conectado com as tendências. Observe as pessoas criativas, adote ideias e atitudes que você achar incríveis, para conseguir constantemente se reinventar.

Quando as pessoas pensam em inovação, elas imaginam criar, revolucionar e outras coisas complicadas. Mas o verbo mais eficaz da inovação é o verbo copiar.

Observe a Apple: apesar do seu sucesso, ela não inventou o mp3 player, mas copiou e melhorou, criando o iPod. E ela não inventou o *notebook*, mas copiou e renovou e fez o MacBook Air.

Esteja atento para os melhores do mundo e copie aprimorando sempre.

Monitore suas apresentações

Depois de suas apresentações, aprenda com sua experiência monitorando seu desempenho. Eu vou para o computador e analiso três pontos fundamentais: meu desempenho, o comportamento de quem me assistiu e as opiniões de quem me chamou para palestrar.

Analise seu próprio desempenho e o que observou de maneira geral dos acontecimentos. Procure notar suas possíveis falhas, os pontos altos e baixos, os erros e os acertos. Veja se a maneira como você organizou tudo funcionou, o que poderia ser melhorado, o que deu problema, o que daria melhor resultado. É importante você reunir tudo o que observou, até os detalhes, pois isso será muito importante na sua avaliação.
Filme suas apresentações para avaliar melhor o que você fez, e mostre também a gravação para outras pessoas, para conseguir novas opiniões e outros pontos de vista sobre seu trabalho. Uma simples câmera de celular pode servir para a gravação.
A reação do seu público é uma das fontes de informação mais preciosas que você pode ter sobre seu desempenho. Perceba como as pessoas reagem ao que você fala, observe se sua interação com elas está fácil ou se é difícil conseguir envolvê-las. Perceba se o entusiasmo está bom ou se as pessoas dão sinais de desinteresse.
A reação não verbal das pessoas é muito mais importante do que suas palavras porque, muitas vezes, elas são gentis ao falar, mas sua energia e comportamento mostram outra coisa. Procure ficar sensível às manifestações corporais de quem assiste você, para entender o que se passa. Preste também muita atenção ao que as pessoas falam entre si para levar em consideração em sua análise.
E principalmente observe a reação das pessoas para ver o que elas preferiram. A manifestação das pessoas é um sinal fortíssimo de que estão felizes com o que você está fazendo. Então reforce essa parte da sua apresentação.
Além das suas opiniões e as do público, procure saber a opinião da pessoa que solicitou que você fizesse a apresentação, se esse for o caso. Esse *feedback* é muito importante para saber se o objetivo foi cumprido. Além do que essa pessoa disser a você, repare também com muita atenção seu comportamento e suas reações não verbais. Converse com ela e procure saber se algo não aconteceu como você imaginava, ou como ela esperava. Como o ponto de vista dessa pessoa é diferente do seu, é importante somar também essa informação às impressões que você coletou da palestra.

Como usar as informações para aprimorar suas apresentações

Registre tudo o que observou e recolheu, de preferência no mesmo dia de sua palestra, pois sua memória está viva. Tire algumas horas, de preferência não muito tempo depois que a apresentação aconteceu, para analisar todas as informações e fazer os ajustes necessários em sua apresentação. Confronte essas informações levantadas com os objetivos da sua palestra e verifique onde você pode fazer ajustes. Se você percebeu que os *feedbacks* não são positivos, ou não são tão bons quanto você imaginava, lembre-se que pior que uma avaliação negativa é a ilusão de que você é o máximo. É muito melhor aceitar críticas e lidar bem com elas, aprimorando o que for necessário, do que perceber o que você não está fazendo quando já for tarde demais.

Abra sua cabeça

Abra sua cabeça e renove-se. Frequente lugares diferentes, respire cultura. Muitas das minhas novas ideias vêm de fora do mundo das palestras:

- Das comédias de stand-up aprendo algumas piadas para contar nas palestras.
- Do teatro, uso muita coisa, como o aproveitamento do palco, o sentido de tempo, a interpretação dos atores, as soluções do cenário etc.

- Dos shows musicais, uso ideias para fazer o público participar, os efeitos visuais e as músicas vibrantes.
- Das exposições de arte, capto toda a energia criativa que eu conseguir.
- Dos livros, absorvo as ideias e as histórias.
- Dos filmes, capto também ideias, roteiros, desfechos, interpretação etc.

Bato todos esses ingredientes, e ainda misturo com o guitarrista de banda de rock que faz show, com o comediante que faz chorar de rir, com o ator que sabe comover, com o escritor que sabe contar histórias e bebo essa vitamina de renovação que alimenta minha alma, para eu conseguir levar meu público a viajar comigo.

Não fique preso a cursos, seminários e livros-texto. Abra muito sua cabeça e alimente seu espírito todos os dias, porque assim você nunca ficará velho, já que suas ideias vão transcender todos os limites do corpo físico e do tempo.

10 | Feche o negócio

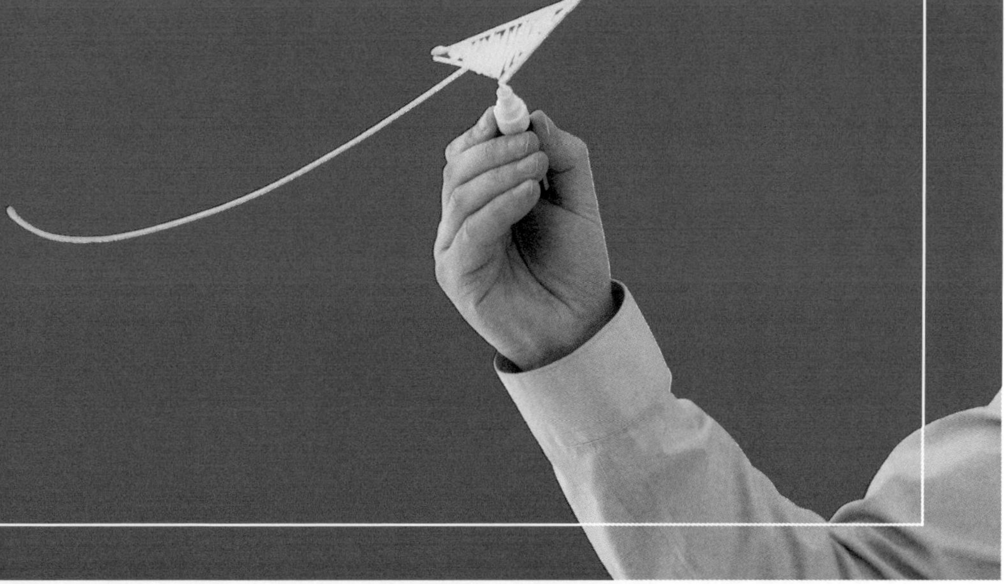

Ao terminar uma apresentação, você tem de obter um desses dois resultados: comprometimento das pessoas ou retorno financeiro. Como já falei bastante nos capítulos anteriores sobre conseguir comprometimento das pessoas com os objetivos de sua apresentação, vou falar um pouco sobre retorno financeiro.

Existem dois grandes tabus na humanidade: sexo e dinheiro.

Durante séculos, a mente humana foi acumulando todos os tipos de preconceitos relativos a esses temas e, por isso, vemos hoje tantas distorções sobre esses assuntos.

O sexo tem sido mais discutido, porém, ainda hoje em dia, os preconceitos são muito fortes. São poucas as pessoas que conseguem viver uma sexualidade de modo tranquilo e bem resolvido. A maioria ainda a reprime muito porque relaciona sexo a pecado, promiscuidade e sujeira, enquanto outra parte vai para o lado oposto, o da perversão sexual.

Com o dinheiro, acontece o mesmo fenômeno: durante milênios, as pessoas desenvolveram todos os tipos de preconceitos relacionados à riqueza:

- O reino dos céus pertence aos pobres
- Os ricos são desonestos
- O dinheiro só traz desgraça
- Os pobres são preguiçosos

Por essa razão, também é muito raro alguém lidar com tranquilidade com o dinheiro e saber remunerar bem seu trabalho, ter dinheiro para desfrutar a vida com alegria, viver sem preocupações financeiras, ser rico sem ostentação, ajudar os outros a ganharem bem, viver sem medo de perder o dinheiro que juntou.

A maioria das pessoas tem vergonha de querer ganhar muito dinheiro e ser vista como alguém mesquinho, por isso não transformam seu trabalho em fortuna. Falam muito em amor

ao próximo, mas não conseguem dar um estilo de vida amoroso e próspero à sua família.

Outros são tão mesquinhos que acumulam uma quantia enorme de dinheiro, mas não conseguem usá-lo porque só querem juntar mais e mais.

Esta parte do livro tem como objetivo ajudar você a se conscientizar de que tem direito de ganhar muito bem com seu trabalho.

Tenho certeza que você é uma pessoa honesta, trabalhadora, que ajuda muita gente, e por isso merece ter dinheiro para viver todos os seus sonhos.

Ver o brilho nos olhos das pessoas que assistem às suas apresentações é delicioso, ter seu trabalho reconhecido é muito prazeroso, mas você também tem o direito de ganhar dinheiro com seu trabalho.

Quero que você faça apresentações poderosas, capazes de mudar a vida das pessoas, mas também que saiba transformar seu talento em lucro.

Ser rico não é pecado!

Muitas vezes, não fechar um negócio é simplesmente uma demonstração de que aquelas frases que você ouvia na infância, negando seu direito a ter muito dinheiro, ainda estão ecoando na sua mente.

Assine o contrato

Quando terminar sua apresentação, procure fechar o negócio. É nesse momento que o cliente está mais empolgado e suscetível para assinar o contrato e o cheque. Então, não perca tempo.

Você é um publicitário que fez uma apresentação poderosa de uma campanha para uma empresa. Ao final, o cliente elogia você. Mas sua apresentação só terá terminado mesmo quando a empresa assinar com você.

Você é um contador que acabou de fazer uma apresentação sobre otimização da lucratividade da empresa usando práticas contábeis para a associação comercial da sua cidade e está sendo aplaudido em pé. Sua palestra não pode terminar simplesmente em palmas. Você precisa dar um jeito de conseguir novos clientes.

De nada adianta fazer uma bela apresentação e espalhar boas sementes, se você não conseguir colher os frutos que plantou com tanto empenho.

Infelizmente, muitos profissionais vão para as apresentações sem o contrato para ser assinado e formalizar o fechamento do negócio, e perdem "o momento do beijo". Lembra-se de quando você estava apaixonado e surgiu uma oportunidade para você beijar a pessoa amada e conquistá-la, mas você vacilou? Pois é, você perdeu o momento do beijo. E talvez você não tenha tido outra chance como aquela na vida.

O minuto seguinte ao término de sua palestra marca a abertura de uma incrível janela de oportunidades para você. O que se segue são instantes de ouro, em que as pessoas estão empolgadas com as suas ideias e você precisa saber aproveitá-los ao máximo.

Tenha muito claro que seu objetivo não é somente fazer uma bela apresentação, mas sim conseguir fechar negócios. Ajude muito as pessoas a serem bem-sucedidas, mas também ajude você mesmo a ter mais sucesso.

Tenha muito claro que seu objetivo não é somente fazer uma bela apresentação, mas sim conseguir fechar negócios. Ajude muito as pessoas a serem bem-sucedidas, mas também ajude você mesmo a ter mais sucesso

Se você fez uma apresentação para fechar uma venda, conseguir um cliente, fechar um negócio ou assinar um contrato, encaminhe todas as ações necessárias para que isso aconteça na hora.

No caso de uma apresentação especial para um cliente em potencial, seja ágil para concretizar a venda. Se você é um arquiteto que está mostrando um projeto de uma casa para um cliente, ou um advogado propondo um contrato de consultoria permanente para uma empresa, ou um *personal trainer* que está falando de seu trabalho, ao final da apresentação ofereça-se para responder às perguntas e proponha fechar o contrato na hora.

Não deixe o interesse das pessoas se esvair, ou sua apresentação cairá no esquecimento antes que você possa aproveitar a energia gerada por ela. Antes que as coisas esfriem, tome todas as ações para conduzir os fatos na direção que você pretende que aconteça.

Se mesmo assim você não conseguir fechar o contrato na hora, ainda há várias alternativas para manter o caminho aberto para conseguir esse cliente. Vou falar sobre elas a seguir.

Mostre-se disponível e acessível

Assim que terminar de falar, fique um pouco mais com as pessoas e converse com elas. Responda e faça perguntas, ouça com atenção suas respostas e as considerações que elas têm a fazer.

Se você perceber que não vai conseguir fechar o contrato na hora, não force, senão você destrói a sinergia que criou. Sendo prestativo e gentil, você facilita o acesso das pessoas que têm interesse em dar prosseguimento ao que você propôs em sua apresentação.

Nessas conversas, grandes negócios podem ser entabulados e boas ideias começam a se transformar em resultados palpáveis.

Anote as demandas que surgirem e atenda posteriormente a tudo o que for requisitado. Seja simpático e cordial com todos, agradeça os elogios que receber.

Dessa maneira, você demonstrará para as pessoas que se importa com elas e que está disposto realmente a ajudá-las. Isso transformará as pessoas em fãs. E fãs são para sempre.

No caso de uma apresentação especial para um cliente em potencial, seja ágil para concretizar a venda

Ofereça uma conversa gratuita

Outra maneira de estreitar o contato com as pessoas e fechar negócios é oferecendo uma reunião ou conversa gratuita, na qual você beneficiará as pessoas com alguns preciosos minutos da sua especialidade.

O tempo de um profissional é sempre valioso e por isso você pode usar essa estratégia para fazer uma aproximação que renda bons negócios.

Invista na comunicação com seu público

Deixe disponíveis ao final da apresentação folhetos, *folders* e cartões com seus endereços de Facebook, Twitter, LinkedIn, e-mail etc. para que você possa ser encontrado.

Incentive as pessoas a entrar em suas redes sociais, oferecendo a elas um conteúdo complementar ao que você apresentou e ficando disponível para responder mais perguntas ou esclarecer dúvidas que possam ter surgido.

Faça follow-up

"Roberto, no meu caso, meu cliente precisa de um tempo para pensar. Como faço?". Sim, existem negócios nos quais o cliente precisa pensar para decidir. Nesses casos, assuma a responsabilidade pelo *follow up*.

Diga ao seu cliente: "Sei que sua agenda é lotada. Por isso, pode deixar que eu procuro você para discutirmos um pouco mais. Você prefere que eu ligue na segunda-feira ou na terça-feira?". Assuma que ele vai querer conversar com você e agende o próximo contato.

Não deixe negociações, conversas e relacionamentos soltos ou abertos depois da palestra. Anote tudo o que deve ser feito e faça um *follow-up* bem feito. No mesmo dia mande um e-mail com sua oferta. Faça telefonemas, cobre retornos, responda mensagens e dúvidas e ofereça tudo o que ficou para depois. E não desista de negociações por falta de acompanhamento ou de resposta das pessoas.

Fique na memória das pessoas

Procure ficar sempre na mente das pessoas. A venda acontece quando a necessidade encontra a lembrança.

Às vezes, o palestrante ajuda o cliente a se conscientizar da necessidade, mas se não fica presente na mente do futuro cliente, ele simplesmente procura seu concorrente.

Não espere que as pessoas se lembrem de você depois de algum tempo que assistiram a sua palestra ou apresentação. Tome sempre a iniciativa, não deixe nas mãos do cliente a continuidade do contato aberto.

Você pode fazer várias ações para permanecer presente para as pessoas para quem fala, mesmo muito tempo depois da apresentação que você fez.

Mantenha contato, incentive a troca, dê informações, mande algum artigo sobre o tema e mantenha-se vivo na mente de seu expectador, pois assim ele vai se lembrar de você quando precisar do que você tem para oferecer.

11 | Mude seu mindset

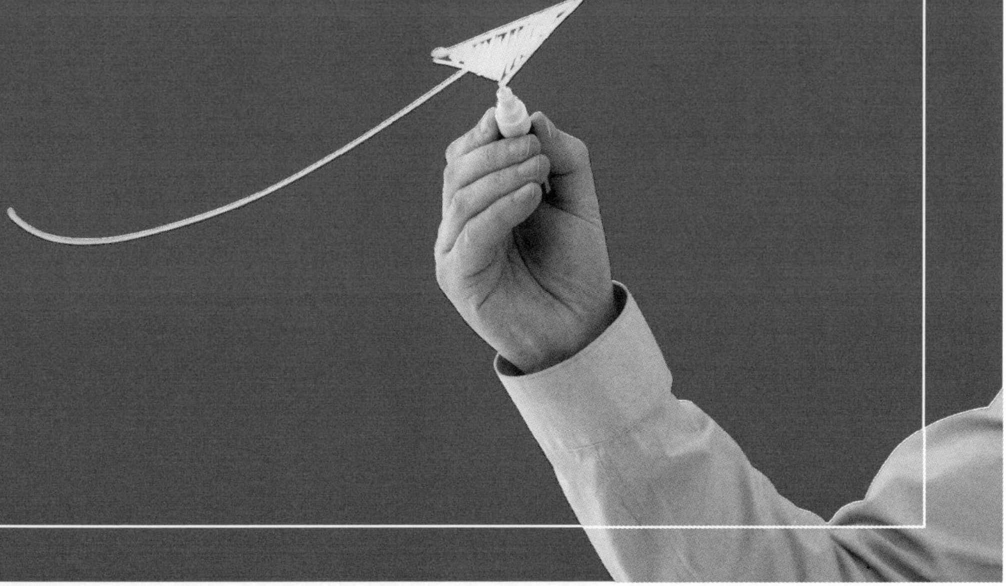

"Roberto, o que é mindset*?"*

Mindset é uma expressão muito usada nos Estados Unidos. Ela não tem uma boa palavra correspondente em português. Podemos traduzir como "modelo mental", "sistemas de crenças", "modo de pensar", "filtro da realidade", mas o que *mindset* quer dizer é algo como "a maneira de ver a vida".

Quando estamos em um ambiente de psicologia – como um seminário, curso ou congresso –, e as pessoas falam de um problema, geralmente alguém vai falar de *mindset*, ou seja, do modelo de pensar, da maneira de ver uma situação, de um filtro da realidade ou sobre o modo de se posicionar perante uma dificuldade.

Este capítulo é sobre *mindset*.

Se você perceber o que acontece em sua vida, vai observar que existe um padrão de sucesso e outro de fracasso

Filtros da realidade

Vocês já observou o que acontece quando um amigo seu se separa? Em geral, a nova namorada dele é muito parecida com a companheira antiga.

Você já percebeu que, quando uma amiga sua muda de emprego, as reclamações dela sobre seu novo chefe são as mesmas que ela fazia sobre o chefe anterior?

As semelhanças entre a nova namorada de seu amigo e a antiga, e entre as reclamações sobre o novo e o antigo chefe da sua amiga são baseadas nos filtros da realidade.

Seu amigo tem uma maneira rígida de ver a realidade, o que torna praticamente inútil a ele mudar de relacionamentos, já que viverá de maneira similar à anterior. Assim é também com sua amiga.

Se você perceber o que acontece em sua vida, vai observar que existe um padrão de sucesso e outro de fracasso.

Nas coisas em que você tem sucesso, esse padrão se manifesta. Por exemplo, na sua facilidade para ser promovido no trabalho, ou no seu talento para conquistar relacionamentos.

Mas você também pode perceber que há um padrão nas áreas em que você fracassa. Talvez seja na área afetiva, na qual você se pergunta: “Por que eu nunca consigo namorar por mais de seis meses?”. Para encontrar uma resposta, você pode criticar os homens ou as mulheres, falar dos problemas da vida moderna, ou até dizer que seu problema é que você viaja muito.

Mas a verdade é que, se você olhar um pouco para o lado, vai perceber que essas explicações não se sustentam. Uma amiga sua que é aeromoça viaja o tempo todo e tem um namoro incrível. Várias de suas amigas, da mesma profissão, vivem a tal da “vida moderna” e ainda assim conseguem manter relacionamentos muito gratificantes.

Então, você percebe que suas explicações para as dificuldades não se sustentam, assim como não se sustentam suas decisões de mudar. Depois de um período de promessas e boas intenções de modificar as coisas, acontece a volta para a dura realidade.

E vem a pergunta: Por onde começar a mudar?

Como mudar?

Na verdade, a causa dos nossos sucessos e dos nossos fracassos é o nosso *mindset*, ou seja, a nossa maneira de pensar, ou os filtros que usamos para ver a realidade.

Muitas vezes, as pessoas não entendem por que sua vida não avança. Elas fazem cursos, trabalham duro, esforçam-se, e parece que os resultados não são compatíveis com sua dedicação.

Isso pode acontecer também com a leitura deste livro. Se algo não mudar no seu *mindset*, daqui a alguns dias as ideias que estão aqui vão ser deixadas de lado, e tudo vai continuar como antes, como se você não tivesse aprendido nada.

A grande maioria das pessoas tem uma vida que não muda, tendo, desde o começo da idade adulta, um padrão de carreira com ganhos limitados por esse padrão. Já percebeu que existem pessoas que, não importa o quanto ganhem, estão sempre sem dinheiro?

Culpa de seu *mindset*!

Se entender esse mecanismo, você pode aumentar sua capacidade de ter sucesso sempre. Você pode ser reconhecido e muito bem remunerado por fazer o que faz.

Para mudar, entenda como seu *mindset* funciona. É como se você fosse um aquário, ou seja, um recipiente com uma determinada capacidade de armazenamento, no qual você acumula uma certa quantidade de amor, amizade, dinheiro etc.

Vamos imaginar que nesse aquário mental cabem, por exemplo, cem bolas de tênis. Como esse aquário tem o espaço para somente cem bolas, tudo o que você procura acrescentar acaba caindo fora, escapando no meio dos seus dedos.

A vida sempre está jogando novas bolas para você, em forma de oportunidades. Por isso, você sempre tem chances de crescer e evoluir. Mas seu *mindset* limita a sua capacidade e não permite que você tenha mais do que cem bolas.

A vida joga bolas em seu aquário, mas elas caem para fora dele, porque não cabe mais nada. A vida é dinâmica, oferece infinitas oportunidades, e vai jogando bolas. Mas elas não ficam. E você mantém seu padrão de acordo com sua limitação. É o tamanho do seu aquário que determina quantas bolas você vai reter.

São suas crenças a respeito dos relacionamentos que vão fazer você se decepcionar com novos namorados depois de três meses, ou criar um relacionamento amoroso duradouro pela vida afora.

É sua forma de acreditar na maravilha de ser rico que vai fazer você acreditar que pode ser um milionário.

Se você pensar que a pobreza tem mais beleza que a riqueza, vai dar um jeito de desperdiçar oportunidades.

A vida da maioria das pessoas é um interminável "jogar fora as oportunidades", para provar para elas mesmas que essa maneira limitada de elas verem a vida é a correta.

O problema da vida não é a falta de dinheiro, de oportunidades ou de pessoas querendo ajudar ou amar você. O problema é sua maneira de ver a vida.

O único modo de reter mais bolas, ou seja, de ter mais sucesso, dinheiro, reconhecimento e amor é aumentando o tamanho de seu aquário, aumentando sua capacidade de reter bolas!

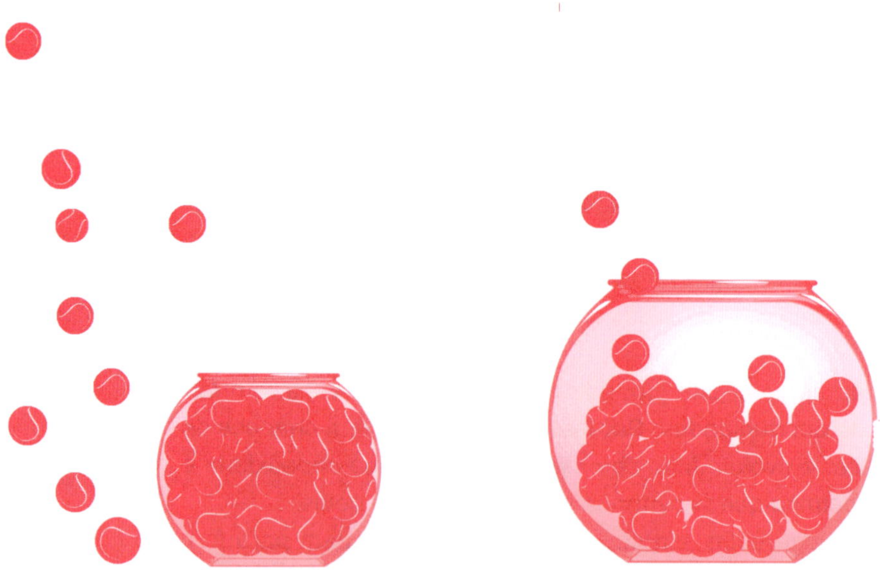

Você pode fazer isso! Você pode prosperar, desde que se permita isso. Ampliar sua maneira de ver o mundo é o único modo de ter mais riquezas, amor, amigos, alegria e paz de espírito.

Quando a pessoa tem uma maneira positiva de ver o sucesso, ela pode até ficar alguns dias desempregada; mas, como em um passe de mágica, depois de pouco tempo ela encontra um novo emprego tão bom ou melhor que o antigo. O novo trabalho aparece!

Assim também acontece com aquela sua outra amiga, que termina um namoro de anos e, em alguns dias, já aparece com um novo namorado, melhor ainda que o anterior. Enquanto isso, você não consegue manter um companheiro por mais de duas semanas...

Repito: as oportunidades caem em nosso colo todos os dias, mas é nossa maneira de ver o mundo que filtra essas oportunidades, para manter a capacidade do nosso aquário inalterada. Aumente o tamanho do seu aquário para poder aproveitar melhor as oportunidades da sua vida!

As oportunidades caem em nosso colo todos os dias, mas é nossa maneira de ver o mundo que filtra essas oportunidades, para manter a capacidade do nosso aquário inalterada

Eu sei que você está querendo perguntar: "Mas, Roberto, o que essa ideia de *mindset* tem a ver com fazer apresentações poderosas?".

Você está completando a leitura deste livro. Você viu aqui muitas ideias novas, muitos projetos lucrativos e teve uma vontade imensa de crescer. Mas, para essa energia ficar viva, você tem de ampliar a maneira de ver o seu trabalho.

E então você vai me fazer a pergunta de ouro: "E como eu faço isso, Roberto?".

Eu respondo: observe seus pensamentos sobre crescer profissionalmente e, principalmente, observe suas frases soltas durante uma conversa sobre o tema. Talvez você comece a observar que vêm alguns pensamentos negativos sobre ser rico ou pobre:

- "Ah, mas isso não vai dar certo!"
- "Você já viu como a vida dos ricos só tem desgraça?"
- "Isso não é para mim..."
- "Só os desonestos ficam ricos."
- "Comigo as coisas sempre dão errado!"
- "O dinheiro corrompe."
- "Eu sou pobre, mas sou feliz."

"Roberto, mas se este é um livro sobre apresentações, por que você está falando tanto sobre ter cabeça de rico?"

Porque se você não aceitar a grandeza de ser rico, vai dar um jeito de fazer suas apresentações de qualquer jeito, para continuar fechando os mesmos negócios medíocres de sempre.
Mas, se você achar a riqueza bela, vai colocar em prática tudo o que aprendeu nestas páginas e fazer sua vida deslanchar maravilhosamente.
Observe que se você tiver um limite que o faz acreditar que só pode ganhar pouco dinheiro, vai sempre dar um jeito de jogar as oportunidades fora:

- "Não nasci para trabalhar em uma multinacional!" (Logo, não envio currículos para essas organizações e, consequentemente, não consigo um emprego em uma dessas empresas.)
- "Eu gosto de falar do jeito que eu estou a fim." (E continuo não fechando os contratos e ficando sem dinheiro no final do mês.)
- "Fazer apresentações é coisa de norte-americano. No Brasil, é diferente." (E permaneço fazendo as apresentações com amadorismo e deixando minha carreira estagnada.)

Quando você observar que está com pensamentos limitantes, pare por um momento e converse com um amigo sobre esses pensamentos

Quando você observar que está com pensamentos limitantes, pare por um momento e converse com um amigo sobre esses pensamentos. Abra seu coração e fale bastante, até que, aos poucos, você passe a aceitar na sua vida a possibilidade de ser rico de verdade.
E no dia em que você puder pagar a escola no qual quer que seu filho estude, repita para si mesmo: "Adoro ser rico!".
E cada vez que você ajudar uma criança pobre, repita para si mesmo: "Adoro ser rico!".
Cada vez que você viajar para onde quiser com sua família, fale para você: "Adoro ser rico!".
Curta ter muito dinheiro. Você merece muito!
Sabe por quê?
Porque você é honesto, trabalhador, dedicado e, principalmente, uma pessoa do bem.
E pessoas do bem merecem vencer!

12 | Uma última mensagem

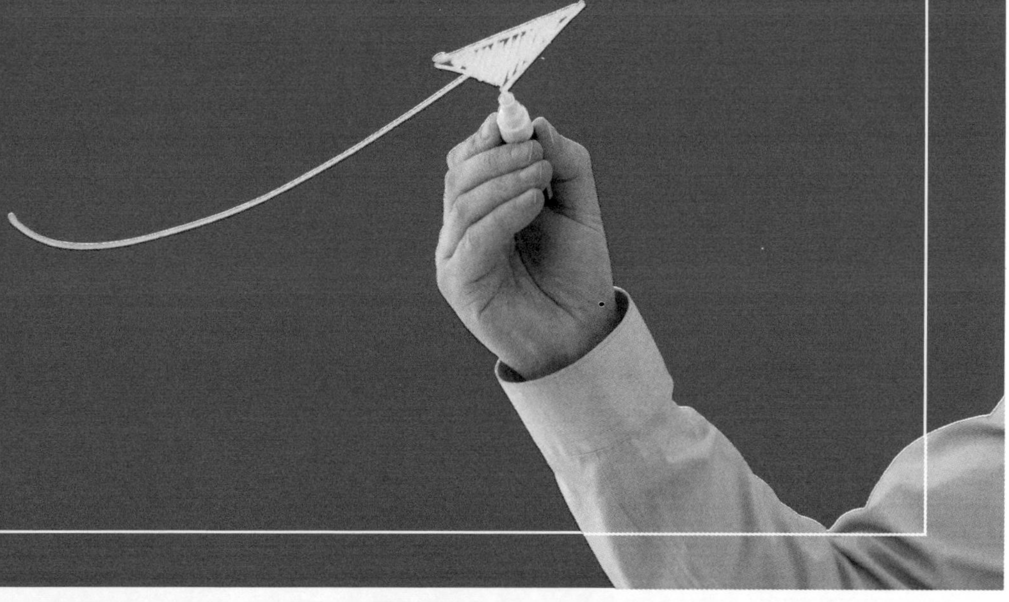

Tenho certeza de que suas apresentações vão fazer muito sucesso e você vai adorar fazer palestras.
Mas escute um conselho: Não leve trabalho para fora do palco.
O educador Rubem Alves tem um texto que eu adoro:

"O que as pessoas mais desejam é alguém que as escute de maneira calma e tranquila. Em silêncio. Sem dar conselhos. Sem que digam: 'Se eu fosse você'.
A gente ama não é a pessoa que fala bonito. É a pessoa que escuta bonito.
A fala só é bonita quando nasce de uma longa e silenciosa escuta. É na escuta que o amor começa. E é na não escuta que ele termina."

Quando estiver no palco, fale para brilhar!
Quando estiver fora do palco, escute com seu coração!

Um grande abraço,

Roberto Shinyashiki

Referências bibliográficas

ARGOV, Sherry. Por que os homens amam as mulheres poderosas? Rio de Janeiro: Sextante, 2009.

CABEGGI, Gilberto. *Antes tarde do que nunca*. São Paulo: Gente, 2010.

CAMPBELL, Joseph. *A jornada do herói*. São Paulo: Agora, 2004.

CERBASI, Gustavo. *Casais inteligentes enriquecem juntos*. Ed. revista. São Paulo: Gente, 2012.

COBRA, Nuno. *A semente da vitória*. 90ª ed. São Paulo: Senac São Paulo, 2007.

COLLINS, Jim. *Good to great: why some companies make the leap... And others don't*. Nova York: HarperBusiness, 2001.

COVEY, Stephen R. *Os 7 hábitos das pessoas altamente eficazes.* 25ª ed. Rio de Janeiro: Best Seller, 2005.

DUARTE, Nancy. *Slideology.* São Paulo: Universo dos Livros, 2010.

EKER, T. Harv. *Os segredos da mente milionária*. Rio de Janeiro: Sextante, 2006.

GALO, Carmine. *The apple experience: secrets to building insanely great customer loyalty*. Nova York: McGraw-Hill, 2012.

GALO, Carmine. *The presentation secrets of Steve Jobs*. Nova York: McGraw-Hill Professional, 2009.

GILBERT, Brad. *Winning ugly.* Londres: New Ed edition, 2007.

GOLEMAN, Daniel. *Inteligência emocional*. Rio de Janeiro: Objetiva, 1996.

HACKS, Venture. *Pitching hacks: how to pitch startups to investors*. Raleigh, N.C.: lulu.com, 2009.

ISAACSON, Walter. *Steve Jobs*. São Paulo: Companhia das Letras, 2011.

KIYOSAKI, Robert. *Pai rico, pai pobre* – o que os ricos ensinam a seus filhos sobre dinheiro. Rio de Janeiro: Campus, 2000.

LACAVA, Alexandre. *Pai, você é o cara!* São Paulo: Gente, 2012.

PINA, João Aragão E. *Apresentações que falam por si*. Lisboa: Lidel, 2011.

RAYONOLDS, Garr. *Presentation zen*. Berkeley: New Riders, 2007.

RIBEIRO, Lair. *O sucesso não ocorre por acaso*. Belo Horizonte: Leitura, 2002.

SHINYASHIKI, Roberto. *A carícia essencial*. Ed. revista. São Paulo: Gente, 2012.

_________. *A revolução dos campeões*. 65ª ed. São Paulo: Gente, 2009.

_________. *O sucesso é ser feliz*. Ed. revista. São Paulo: Gente, 2012.

_________. *Problemas? Oba!* Ed. revista. São Paulo: Gente, 2011.

_________. DUMÊT, Eliana Bittencourt. Ed. revista. *Amar pode dar certo*. São Paulo: Gente, 2012.

SINGER, Blair. *Little voice mastery*. 2 ed. Nova York: Select Books, 2011.

TRACY, Brian. *Speak to win*. Nova York: Amacom, 2008.

WEISSMAN, Jerry. *Presenting to win*. Nova Jersey: FT Press, 2008.

WESTFALL, Chris. *The new elevator pitch: the definitive guide to persuasive communication in the digital age*. Dallas: Marie Street Press, 2012.

ZIGLAR, Zig. *See you at the top*. 25 ed. Gretna: Pelican Publishing, 2000.

Sobre o autor

Roberto Shinyashiki é um exemplo de amor ao próximo. Cada vez que vê pessoas sofrendo, sua iniciativa é procurar ajudar a criar uma solução para esse desafio. Assim como no início dos anos 1990 ele apresentou aos brasileiros a necessidade de desenvolver uma atitude competitiva, agora inicia uma cruzada para mostrar que as empresas precisam de profissionais capazes de resolver problemas. O motor de seus resultados tem sido sua vontade de ajudar as pessoas a solucionar seus problemas, e uma sede infinita de estudar e de se aperfeiçoar. É por isso que faz questão de nunca parar de se atualizar, estudando, pesquisando e utilizando os novos conhecimentos e tecnologias que o ser humano produz em diversos campos.

Essa postura soma-se à sua formação como médico psiquiatra e terapeuta, com MBA em administração de empresas pela USP, doutorado em administração de empresas pela FEA/USP, especialização em administração de empresas no Japão como bolsista da AOTS, e inúmeras participações em congressos e seminários em todo o mundo.

Como terapeuta, já atendeu governadores, ministros de estado, empresários, atletas, artistas e profissionais em busca de realização. Como palestrante, já falou para as plateias mais qualificadas do país e do exterior, tanto em empresas quanto em órgãos públicos. Como autor, já vendeu mais de 7 milhões de livros.

Sua experiência e conhecimento, aliados ao seu profundo interesse pelo bem-estar e felicidade das pessoas, é o que transforma suas ideias em referências para a mídia, seus livros em best-sellers e suas palestras em recordes de público. Mas, como ele mesmo diz, "o que me interessa é sempre a próxima montanha". E é por isso que nunca deixa um troféu em seu escritório.

Acompanhe Roberto Shinyashiki:
Site: www.shinyashiki.com.br
Twitter: www.twitter.com/RShinyashiki
Facebook: www.facebook.com/RobertoShinyashiki
Site do livro: www.apresentacoespoderosas.com.br
E-mail: roberto@institutogente.com.br
Instituto Gente: (11) 3670-2505

Gerente Editorial
Alessandra J. Gelman Ruiz

Editora de Produção Editorial
Rosângela de Araujo Pinheiro Barbosa

Controle de Produção
Fábio Esteves

Revisão
Salete Milanesi Brentan

Projeto Gráfico e Editoração
Karina Groschitz

Foto de capa
Fabiano Accorsi

Capa
Miriam Lerner

Imagens de Miolo
Pagina 51: CSA Images / Getty I
Demais páginas: iStockPhotos

Rua Natingui, 379 - Vila Madalena
São Paulo, SP — CEP 05443-0-0
Telefone: (11) 3670-2500
Site: http://www.editoragente.com.br
E-mail: gente@editoragente.com.br

Dados Internacionais de Catalogação na Publicação (CIP)
(Câmara Brasileira do Livro, SP, Brasil)

Shinyashiki, Roberto

Os segredos das apresentações poderosas : pessoas de sucesso sabem vender suas ideias, projetos e produtos para qualquer plateia / Roberto Shinyashiki. -- São Paulo: Editora Gente, 2012.

Bibliografia.
ISBN 978-85-7312-826-0

1. Carreira profissional - Desenvolvimento 2. Comunicação 3. Fala em público 4. Marketing 5. Negócios 6. Palestrantes 7. Sucesso profissional 8. Vendas I. Título.

12-11068 CDD - 650.14

Índices para catálogo sistemático:
1. Palestrantes : Carreira profissional :
Desenvolvimento : Administração 650.14

Este livro foi impresso pela Gráfica Rettec em
papel offset 90 g em fevereiro de 2024.